KB206135

또 하나의 선교사 영웅담도, 선교 보고서도 아닙니다. 낯선 땅에서 살아온 10여 년의 이 여정에는 웃음과 눈물로 풀어낸 하나님의 마음이 담겨 있습니다. 따스한 들녘의 봄바람이 있는가 하면 불꽃같은 치열함이 있습니다. 글을 읽다보면, 나이지리아 진한 황톳길 한 모퉁이에 서 있는 우리를 발견합니다. 한 생명을 구하려는 수술실 숨가쁜 선교 현장이 어느새 우리 곁에서 생생하게 펼쳐집니다. 저 또한 '아프리카'를 경험했기에 이 진솔하고도 치열한 사랑 이야기를 책으로 펴낼 것을 권했습니다. SIM 선교공동체를 통해 이재혁 선교사 가족을 알게 된 것은 큰 기쁨이요 특권입니다. 하나님과 함께 걸어가는 흥미진진한 순례길에 여러분을 초대합니다.

김경술 선교사, 한국SIM국제선교회 대표

단숨에 읽었습니다. 저자가 글을 잘 쓰는 데다가 색다른 문화에서 의사로 사는 경험이 흥미롭고, 스릴 넘치는 에피소드와 감동을 주는 다양한 이야기가 넘쳐납니다. 우리 가족도 2001년 9월의 조스 폭동 한가운데 있었고, 그 후 조스에서 650킬로미터 떨어진 시골 엑베병원에서 일한 경험 때문에 더욱 공감됩니다. 가족과 함께하는 선교지에서 치안 부재나 무장 폭동, 팬데믹은 이루 말할 수 없는 스트레스입니다. 이 선교사 가족은 수차례 그런 순간을 겪으며 하나님을 신뢰하는 삶을 보여줍니다. 물과 전기같이 삶에 필수적인 문제가 해결되지 않고 우리나라로 치면 어처구니없다고 말할 수밖에 없는 의료 환경에서도 한 생명을 구하기 위해 최선을 모색하고, 그럼에도 결과가 기대에 미치지 못했을 때 마음 아파하면서도 받아들이는 모습이 눈물겹습니다.

김민철 전 SIM 나이지리아 선교사, 전 예수병원장, 인터서브 이사장

흔히 최초의 선교사는 예수님이라고들 합니다. 하늘 나라에서 이 땅으로 옮겨와 우리와 함께 사셨기 때문입니다. 파송 때부터 지금까지 지켜본 이재혁 선교사는 '저 나라' 나이지리아에 옮겨 심겨진, 또 한 명의 예수님을 따르는 자입니다. 오랜 기간 기록해온 선교편지들이 나이지리아 빙햄선교병원을 중심으로 펼쳐지는 삶의 현장을 전해줍니다. 선교사의 삶의 고민과 그 속에 항상 계시는 하나님의 손길을 추적하고 곱씹으며 다듬어낸 멋진 작품입니다. 아프리카 선교와 관련된 정교한 기록과 정치적, 역사적 사건이 녹아 있어 책을 읽고 있으면 어느새 나이지리아에 오래 살다온 느낌이 듭니다. 무엇보다 나이지리아를 사랑하시는 하나님의 마음을 만나게 됩니다.

김준규 강북삼성병원 성형외과 교수

하나님께 온전히 드리고자 하는 이재혁 선교사의 삶이 책으로 발간되어 진심으로 하나님께 영광 돌립니다. 이 선교사는 의과대학을 졸업하고 이화여자대학교 부속병원인 동대문병원과 목동병원에서 외과학 수련을 받은 이화인입니다. 이화의료원 로제타홀 의료선교센터에서 후원하고 있는 6인의 의료 선교사 중 한 명이기도 합니다. 아프리카 분쟁 지역에서 가족과 함께 선교하는 그는 우리의 자랑입니다.

그와 그의 가족을 보면, 1885년 복음을 전하고자 미국 뉴헤이븐에서 오랜 항해 끝에 조선에 온 메리 스크랜튼 선교사와 외아들 윌리엄 스크랜튼 의사 부부와 어린 딸이 생각납니다. 스크랜튼 일가의 선교 사역으로 시작된 학당과 병원이 오늘날 이화여대와 이화의료원이 되었습니다. 130여 년의 세월을 사이에 두고 두 가정이 처한 많은 상황이 닮아 있습니다. 불안한 치안과 종종 일어나는 유혈 분쟁, 지리적으로 먼 곳, 전혀 다른 기후와 풍토에 적응하는 문제 등이 그렇습니다. 스크랜튼 의료 선교사가 당시 예일대와 뉴욕의 의과대학을 졸업한 후 유복하게 살 수 있는 기회를 뒤로하고 가난하고 병 걸리고 고통받는 자들을 섬기는 길을 걸어간 것처럼, 이재혁 선교사도 평범한 의사의 길을 가는 대신 예수님의 부르심에 온전히 순종하고 그로부터 오는 하나님의 기쁨으로 만족하는 삶을 선택했습니다. 이화가 옛적에 선교사들에게 받은 사랑으로 성장해왔듯 이재혁 선교사의 귀한 사역 또한 30배, 60배, 100배의 결실을 맺게 될 것입니다.

김혜순 소아과 교수, 이화의료원 로제타홀 의료선교센터장

우리 모두는 지붕 아래에서 살고 있습니다. 지붕에는 저마다의 색깔이 있지만 집 안에 있는 사람들은 알지 못합니다. 그 지붕은 우리를 덮어주고 감싸며 비바람으로부터 보호해주는 주님의 은혜입니다. 빨간 지붕은 어쩌면 예수님께서 십자가에서 흘리신 보혈이 아닐까 싶습니다. 빙햄병원과 이재혁 선교사 가족을 지켜주신 빨간 지붕의 그리스도 보혈이 우리 모두를 지켜주길 기도합니다. 책을 읽는 내내 눈물을 흘렸지만 마음속에는 환희가 샘솟습니다. 고난 없이 맛볼 수 없는 기쁨이 페이지마다 숨겨져 있으니 그 보화를 발견하는 주인공이 되길 축복합니다.

박상은 샘병원 미션원장, 아프리카미래재단 대표

이재혁 선교사의 글에는 없는 것도 있고, 있는 것도 있습니다. 추상적인 단어가 별로 없습니다. 그래서 마치 나이지리아의 생생한 현장에 함께 있는 것 같습니다. 그가 웃을 때 따라 웃고, 울 때 함께 울게 됩니다. 그의 글에는 사역 결과 보고도 없습니다. 그냥 사는 이야기여서 부담 없이 읽을 수 있습니다. 한편, 그의 글은 재미있습니다. 한번 읽기 시작하면 중단할 수가 없습니다. 다음 소식이 자꾸 기다려집니다.

박진용 연세의료원 의료선교센터 소장

지리 전문가 팀 마샬에 의하면, 나이지리아 북부를 포함한 아프리카의 사헬 지역은 현재 세계에서 가장 빠른 속도로 폭력이 증가하는 곳입니다. 그 척박한 땅에 소망의 씨를 심고 있는 선교사 가정의 이야기를 읽으며 여러 번 목이 메었습니다. 그의 삶은 언젠가 황무지가 장미꽃같이 피는 것(사 35:1)을 보게 되리라는 믿음 없이는 불가능합니다. 빙햄병원에서 이재혁 선교사는 '좌충우돌'하며 사는 게 아니라 '슬기로운 의사 생활'을 하고 있습니다. 성령의 북소리에 맞춰 춤추는 그의 모습이 너무 멋집니다.

변진석 한국선교훈련원 GMTC 교수

가난과 무지와 무속과 폭력이 가득한 땅으로 하나님의 부르심을 받은 이재혁 선교사가 아내 손은영 선교사와 두 아들 산지, 산하와 함께 그려가는 의료 선교 이야기입니다. 빙햄병원 빨간 지붕 아래서 그는 나이지리아 환자들과 그들의 어려운 문제를 돌보며 온몸으로 주님의 사랑을 전합니다. 어둠에 싸여 출구가 보이지 않는 현실을 적어 기도편지를 보냅니다. 손 선교사의 모교인 이화여대 총동창회 선교부에서는 매주 화요일에 모여 기도합니다. "지구 저편"에서 그들을 위해 기도하는 사람들입니다. 한국 기독교도 초창기에 선교사들이 그렇게 헌신했을 것입니다. 이 책을 읽으며 그때 우리의 모습과 주님께 받은 사랑을 상기하게 됩니다. 저자는 주님의 눈으로 그들의 아픔을 보며 자신의 한계를 기도로 아룁니다. 깊은 묵상으로 주님과 함께하는 의료 선교 이야기는 풍요로 나태해진 우리를 흔들어 깨우는 또 다른 주님의 음성입니다.

성혜옥 이화여자대학교 총동창회 전 선교부장

마침내 기다리던 책이 나왔습니다. 오랫동안 이재혁 선교사의 가정을 지켜보았습니다. 한결같은 열정과 헌신으로 이슬람과 기독교의 충돌 경계선에서 외국인 의료 선교사로 온갖 어려움을 마주하며 살아낸 현장의 영성 깊은 고백을 많은 이들에게 추천합니다.

심재두 알바니아 의료 선교사, 한국누가회 이사장, 한국 로잔전문인사역위원장

성경을 읽을 때마다 하나님의 희생적인 사랑에 놀라며 감동합니다. 감동적인 이야기는 누구나 쓸 수 있겠지만, 하나님은 실제로 자기희생의 길을 선택하셨고 그 이야기를 십자가로 완성하셨습니다. 그리고 그 사랑에 감동된 사람들을 사랑이 필요한 곳으로 보내 그들을 통해 희생적인 사랑 이야기를 계속 써내려가십니다. 저자는 그 일을 위해 아프리카로 부르심을 받았습니다. 그는 자신에게 찾아온 건강의 위기를 어려운 의료 환경 속으로 들어가 그곳 사람들을 섬기라는 사역의 초대로 받아들였습니다. 순종의 이면에는 아버지 이영범 목사의 목회적 헌신과 장애인 자녀를 둔 아픔을 장애인 선교사역으로 승화시킨 사랑이 있었습니다.

저자는 선교지에서 겪은 일을 묵상과 함께 기록해두었다가 정기적으로 목회 현장에 보내주었고, 저는 그 글들을 주보에 실어 교인들과 나누었습니다. 수년 전 가족초청 주일에 처음 교회에 나온 한 교인의 아들이 우연히 주보에 실린 그의 글을 읽고 감동 받아 헌금을 하고 그로 인해 일어난 일들은 지금 생각해도 참 놀랍습니다(261-266쪽). 이 책은 오늘도 하나님께서 아프고 힘겨운 삶을 살아가는 이들을 사랑하신다는 값진 이야기입니다. 또한 성경 역사와 연결되는, 하나님께서 쓰게 하신 기록입니다. 이 기록을 통해 모든 민족을 구원하시는 하나님의 큰 그림을 보며 더욱 선교적인 삶과 공동체를 세워가는 데 힘을 얻길 원합니다. 경쟁과 논쟁으로 지쳐가는 시대에 이 책이 담대하게, 거침없이(행 28:31) 복음을 말하며 또 다른 사랑 이야기를 기록하는 데 큰 도움이 되리라고 확신합니다.

이은호 옥인교회 담임목사, 협력교회

이재혁 선교사는, 착한 선교사입니다.

이재혁 선교사는, 진실하고 신실한 선교사입니다.

이재혁 선교사는, 주님 앞에서 감추는 것이 없고 아까운 것이 없는 선교사입니다.

이재혁 선교사는, 따뜻한 선교사입니다.

이재혁 선교사는, 참으로 점잖은 선교사입니다.

이재혁 선교사는, 사람을 편안하게 만들어주는 선교사입니다.

이재혁 선교사는, 예수님을 많이 사랑하고 예수님만 사랑하는 선교사입니다.

이재혁 선교사는, 인생의 가장 아름다운 부분을 주님 발앞에 내어드린 선교사입니다.

이재혁 선교사는, 오로지 하늘의 영광을 바라보는 선교사입니다.

그래서 우리에게 보물 같고, 보석 같은, 우리 선교사입니다.

이경렬 동광교회 담임목사, 파송교회

하나님은 인간이 가장 연약할 때 부르시고 약한 부분을 들어 크게 사용하십니다. 이재혁 선교사가 부름받고 사역하는 모든 과정에서 하나님의 섬세한 인도하심과 동행하심을 볼 수 있습니다. 하나님께 묻고 귀 기울인 사람이라면 누구나 알 수 있는 그분의 섭리를 많은 이들이 알지 못하는 건 귀를 닫고 살기 때문이 아닐까요? 믿음은 모든 문제와 상황에서도 순종하는 가운데 하나님을 느끼고 만나는 것임을 그의 삶 속에서 발견합니다.

"어느 때나 하나님을 본 사람이 없으되 만일 우리가 서로 사랑하면 하나님이 우리 안에 거하시고 그의 사랑이 우리 안에 온전히 이루어지느니라"(요일 4:12). 빨간 지붕의 빙햄병원은 총 맞은 사람, 교회에 불 지르려 한 사람, 아무 희망 없던 사람들 모두를 차별 없이 예수님의 사랑으로 돌보고 미소를 되찾게 해주며 그들에게 하나님을 나타냈습니다. 나이지리아인들을 사랑으로 섬기는 선교사의 삶을 읽으면서 그 모습에서 누구나 하나님을 볼 수 있겠구나 하는 생각이 내내 들었습니다.

임영국 미래한국병원장

"저 푸른 초원 위에 그림 같은 집을 짓고……." 학창 시절에 많이 들었던 노래입니다. 왠지 그 노래에 나오는 집은 초록 위에 지어진 빨간 지붕 집일 것 같습니다. 초록 위의 빨간 지붕 집은 늘 로망이니까요. 그러나 이제는 압니다. 평온해 보이는 멋진 풍경도 누군가가 살아내고 있는 치열한 현실이라는걸요. 보통 사람은 한 번 경험하기도 힘든 일을 거의 매일 겪는, 상상할 수도 없는 한 선교사의 13년 삶이 '아주 조금' 이 책에 담겨 있습니다. 이재혁 선교사와 교제하며 들었던 이야기들, 별일 아닌 듯 담담하게 풀어놓는 이야기들을 들으며 나라면 어땠을까 생각해봤습니다. 하나님께서 함께하시기에 가능한 시간이었겠지요. 그 담백한 행간에 살아계신 하나님이 보입니다.

정말 예쁜 손은영 선교사와 산지, 산하에게 감사를 전하고 싶습니다. 아는 것과 별개로 살아내는 건 현실이니까요. 서툴지만 하우사어로 전하고 싶네요. "바 다뮤와." 다 잘될 거예요, 선교사님도, 나이지리아도. 하나님께서 그 땅을 사랑하시니까요. 선교사님의 멋진 스페어 타이어는 오늘도 그 역할을 자~알 해내고 있습니다. 저희에게도 조그마한 기회를 주어 감사합니다. 앞으로의 시간도 축복하며 이 책을 추천합니다.

정애리 연기자, 더투게더 이사장

아프리카의 빨간 지붕 병원

아프리카의 빨간 지붕 병원

나이지리아로 간 외과 의사 이야기

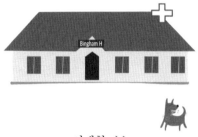

이재혁 지음

좋은씨앗

차례

프롤로그

한국에 오면 많은 분들이 제가 선교지에서 보내는 기도편지 이야기를 합니다. 개인적인 기도 부탁은 자주 하는 것이 좋겠다는 단순한 생각에서 쓰기 시작한 글이 중요한 사역이 되었습니다. 불규칙한 일정으로 어수선한 선교사의 삶에도 글 쓰는 날은 두 주마다 어김없이 왔습니다. 덕분에 몸과 마음을 가다듬고 자신을 돌아봅니다. 어떤 은혜가 있었는지, 새로운 상황을 어떻게 받아들이고 표현해야 하는지 고민하는 가난한 마음이 됩니다. 그렇게 기도글은 제 삶에 매듭을 만들어갔습니다. 작은 바람에도 흔들리며 신음하지만 부러지지 않고 자리를 지키게 해주는 건 그 매듭이었습니다.

"줄기가 굵지도 않은 대나무가 강한 것은 다른 나무와 달리 일정한 간격을 두고 매듭을 지을 줄 알기 때문이다. 대나무의 강함은 '높이'가 아니라 '매듭'에서 비롯된다"(이재철).[1]

선교지의 삶이 책으로 나오기까지 많은 분의 도움을 받았습니다. 지금은 고인이 되신 박상은 원장님(안양 샘병원)은 부족한 글을 계속 써나가도록 격려하고 출판사를 소개해주셨습니다. 덕분에 임영국 원장님(아산 미래한국병원)과 좋은씨앗을 알게 되었습니다. 저의 첫 질문은 "정말 책이 가능할까요?"였습니다. 그런 문외한에게 기회를 주고 책이 나오기까지 애써주셨습니다. 이기섭 작가님을 만난 것은 하나님의 은총입니다. 제각각 구슬로 굴러다니던 글들이 작가님의 손길로 꿰여 보배가 되었습니다.

무엇보다 연약한 선교사를 품어준 빙햄병원 직원들과 나이지리아 동료들에게 감사와 사랑을 전합니다. 이들이 없었다면 글도, 지금의 저도 없습니다.

동광교회 이경렬 담임목사님과 성도들, 여러 협력교회와 후원자들에게 감사드립니다. 더투게더와 정애리 이사장님에게도 고마움을 전합니다. 생각지 못한 많은 분들의 과분한 기도와 후원으로 아프리카 땅에서 보낸 13년의 삶과 기록이 남았습니다.

영혼의 고향 충남의대 기독학생회에 감사드립니다. 인생의 멘토를 묻는 질문에 저는 충남의대 기독학생회를 적습니다. 특별히 윤율로, 조은경, 유정준, 황의두, 성보영, 이경숙, 엄의용, 김준규, 조현구, 지종남, 양신승 선생님에게 많은 빚을 졌습니다. 솔직한 나눔과 실질적인 도움은 목마른 여정 가운데 생명수였습니다.

누가회를 통해 의료 사회에서 하나님 나라의 확장을 위해 애쓰는 많은 선생님들을 알게 되었습니다. 세계 어느 곳보다 한국이 치열한 선교지라는 데 동의합니다. 그 가운데서 열심히 살아가는 그분들의 모습을 볼 때마다 저는 새롭게 조율되어 선교지에서 살아갈 힘을 얻었습니다.

그리스도인으로 삶의 본을 보여주시고 지금도 아낌없이 사랑을 베풀어주시는 부모님에게 송구스럽습니다. 저는 선교사가 되어 오히려 영광을 누리고 부모님은 더 희생하셨습니다. 장인 장모님께 감사드립니다. 철이 덜 든 사위를 받아주셨고, 제가 그 사랑의 힘으로 자랐습니다. 부족한 형을 이해해주고 아낌없이 후원하는 동생 부부 재황, 화비에게 감사합니다. 든든한 동생이 있어 든든한 선교를 합니다. 이름대로 온 가족을 하나님의 신비로 초대하는 여동생 이루라에게 감사합니다. 우리는 나중에 천국에서 서로 할 말이 많습니다.

두 살, 다섯 살에 한국을 떠나 지금까지 잘 자라준 산지, 산하에게 고맙습니다. "아이들과 함께 있으면 영혼이 치유된다"는 도스토옙스키의 말처럼 두 아들이 있어 회복과 기쁨이 있었습니다. 마지막으로 누구보다 저의 부끄러운 모습, 약한 점을 알고도 용서하고 받아준 가장 가까운 친구가 있습니다. 함께하기에 지나올 수 있는 길이었습니다. 20년을 한결같이 동행해준 아내 손은영 선교사에게 이 책을 바칩니다.

1장

죽음 앞에서는
단순해집니다

아프지 않으면 드리지 못할 기도가 있습니다.
아프지 않으면 믿지 못할 기적이 있습니다.
아프지 않으면 접근하지 못할 성소가 있습니다.
아프지 않으면 우러러 뵙지 못할 성안이 있습니다.
아! 아프지 않으면 나는 인간일 수조차 없습니다.

작자 미상

아프지 않으면
드리지 못할 기도

간밤에 빙햄병원 응급실로 부상자 백여 명이 몰려왔다. 나와 가족이 지내는 병원 사택에서 5분 떨어진 시장 두 곳에서 폭탄이 터졌다. 두 군데 모두 크리스천 지역이었다. 반기독교를 주장하는 이슬람 테러단체가 배후로 지목되었다. 아기 예수가 태어난 거룩한 밤, 크리스마스이브. 인파로 붐비던 시장은 순식간에 참혹한 생지옥이 되었다.

무릎 아래가 통째로 날아간 사람, 파편이 관통해 구멍난 등에서 변이 줄줄 새는 사람, 팔꿈치가 으스러지고 얼굴과 몸통에 파편이 수없이 박힌 사람……. 생전 처음 맞닥뜨린 폭탄 부상자들을 선임 선교사이자 외과 의사인 아딜과 함께 회진했다.

소독 거즈는 진즉에 동이 났다. 적당히 싸맨 상처 위로 피가 흘러 침대를 흥건히 적시고 있었다. 긴급 수술이 필요한 다섯 명을 먼저 선정한 다음 수술실, 마취과, 간호부, 약국, 행정부, 물품관리실 대표를 불러 각각 준비할 것을 나누고 점검했다.

날이 밝자 숨어 있던 부상자들이 더 몰려왔다. 나흘 동안 47명을 수술했다. 환자는 폭탄 파편이 다리를 관통한 젊은 남자들이 대다수였다. 일반 상처보다 깊고 오염이 심해 치료할 때마다 죽은 근육과 뼈를 제거했다. 몇몇 청년은 다리를 잘라야 했다. 그중 일곱 명은 끝내 회복하지 못하고 죽었다.

"왜…… 하필…… 나입니까(Why me)!"

고통으로 울부짖던 청년의 물음은 허공으로 흩어졌다. 그들과 같은 이십 대에 불치병을 선고받았던 내가 병원 앞 교회의 새벽예배 때마다 하나님께 묻고 또 물었던 질문이었다.

2010년, 아프리카 나이지리아 조스시. 빨간 지붕의 빙햄병원 선교사로 부임하고 처음 맞은 크리스마스였다.

"내 눈이 왜 이러지?"

의대 본과 3학년, 제법 쌀쌀한 가을 어느 날이었다. 외과 수업 중 갑자기 칠판 글씨가 둘로 보이기 시작했다. 그러더니 왼쪽 눈꺼풀이 떨어져 올라가지 않았다. 대학병원에서는 자가면역질환인 중증 근무력증(안구형) 진단을 내렸다. 의대 내과 교과서인 『해리슨』을 찾아보았다. 이 병은 초기에 사물이 둘로 보이거나 한쪽 눈이 감기는 증상으로 시작하고, 세 명 중 둘은 눈에만 증세가 오거나 호전되지만, 한 명은 병이 더욱 진행되어 팔, 다리, 몸의 근육이 차례차례 힘이 없어지고, 마침내 호흡근육까지 마비되면 숨을 쉴 수 없어 생명을 잃게 된다고 쓰여 있었다. 유일한 치료약은 스테로이드인데 이게 효과가 없으면 더 이상의 약은 없었다.

믿을 수 없었다. 그동안 크게 앓은 적 없이 건강했던 나였다. 일 년만 지나면 의사가 되고, 더 공부해 전문의가 되고, 남들처럼 결혼하고 아이도 낳아 가정을 이루고, 그렇게 평탄한 길로 갈 줄 알았는데 힘들게 들어온 의대를 마치기는커녕 죽을 수도 있다니.

떠지지 않는 왼쪽 눈을 안대로 가리고 고용량으로 스테로이드를 복용했다. 시험 공부하며 익혔던 약의 부작용을 내 몸에서 그대로 확인했다. 얼굴이 붓고, 속이 쓰리고, 잠이 줄고, 예민해졌다. 딱 한 가지 좋은 점은 있었다. 이제껏 잠이 많아 불가능했던 새벽기도를 갈 수 있게 되었다는 것이다.

"하나님…… 하나님……."

더 이상 아무 말도 할 수 없었다. 서늘한 새벽 공기에 몸을 떨며 예배당 맨 뒷자리에 앉아 그저 하나님을 불렀다. 아프지 않았으면 드릴 수 없는 기도였다. 병을 고쳐주신다는, 살려주신다는 응답은 오지 않았다. 하지만 기도할수록 뚜렷해지는 생각이 있었다. 내가 왜 이런 병에 걸렸을까 하는 원망은 아니었다. 병든 나에게 하나님께서 원하시는 것, 즉 그분의 목적은 무엇일까였다.

'내 삶의 시간이 생각보다 길지 않다. 근무력증이 진행되어 내쉰 숨을 들이쉬지 못하면 나는 바로 죽는다. 어차피 짧은 인생, 지금 죽어도 그래 여기까지구나 하고 담담히 받아들일 일을 하자.'

스물다섯 해를 살아오면서 가장 행복했던 때가 언제였을까? 두 장면이 떠올랐다. 대학 1학년 겨울, 부모님의 권유로 방문한 필리핀과 인도네시아 선교지의 아이들이었다. 한국의 난지도 같은 마닐라 빈민가 스모키 마운틴의 쓰레기더미 위를 뛰어다니던 아이들. 인도네시아 칼리만탄 정글에서 만난 새까만 눈동자가 반짝이던 아이들. 그 아이들은 병이 나도 치료할 길이 없어 그냥 죽어간다고 했다.

헛웃음이 났다. 내 생애 가장 기뻤던 일을 찾고 있는데 왜 선교지의 아이들이 떠오르는 걸까?

'내가 교회를 너무 오래 다녔구나.'

의식적으로 보통 사람들이 좋아할 일을 찾았다. 그리고 그 끝에 '죽으면'이란 단어를 붙여보았다.

'돈을 많이 벌다…… 죽으면? 여자친구 사귀고 지구 끝까지 실컷 여행 다니다…… 죽으면? 환자들을 기막히게 치료해 명의 소리 듣다…… 죽으면?'

어떤 일을 해도 후회할 것 같았다. 빈민가와 정글에 있던 아이들의 눈동자만 떠올랐다. 그 아이들과 있을 때 얼마나 행복했는지, 열악한 환경 속에서도 그들을 진심으로 돌보는 선교사의 삶이 얼마나 빛나 보였는지 확인했을 뿐이다.

'그래, 내 도움이 필요한 사람들에게 가자. 가난하고 아픈 사람들을 돕자.'

이런 일을 하면 갑자기 죽어도 기쁘게 주님께 갈 수 있을 것 같았다. 흑암 속에 가느다란 한줄기 빛이 비쳤다. 강렬했다. 그날 나는 하나님과 나 자신에게 서원했다.

다행히 스테로이드 치료는 효과가 있었다. 의대는 간신히 졸업했다. 사물이 둘로 보이는 환자에게 총을 맡기면 안 된다고 군대는 면제되었다. 대신 3년간 의료 봉사를 하기로 했다. 큰 배를 병원선으로 개조해 가난하고 소외된 나라의 항구를 돌며 병도 고치고 선교도 하는 머시십 아나스타시스(Mercy Ship Anastasis)에 지원했다. 하지만 최종 심사에서 탈락했다. 건강한 사람도 힘든 사역에 응급상황이 생길지도 모르는 중증 근무력증 의사를 택할 수 없다고 했다. 이 몸으로는 아무리 원해도 선교지에 갈 수 없는 처지라는 것을 깨달았다.

포기하지는 않았다. 닫힌 문은 두드려서 열라고 있는 것이다. 누가회 선교부의 도움으로 일 년 동안 여러 선교지를 다닐 수 있었다. 우즈베키스탄 열방병원에 석 달간 머물며 소아과 고세중, 외과 김수호 선교사님과 함께 이동진료를 했다. 구소련 연방의 시골 마을 주민들은 이방 선교사들을 따뜻하게 맞아주었다. 대학 1학년 때 갔던 인도네시아 칼리만탄섬 신땅의 김익배 선교사님에게도 다시 갔다. 7년 동안 간절히 기도해온 아가페병원이 증축되었지만 의사가 없어 운영에 어려움을 겪고 있었다. 아침마다 라마불교의 향 연기에 도시가 자욱하게 잠기는 티베트는 누가회의 단기 선교로 나갔다가, 외과의 김안식 선교사님과 함께 낡은 랜드크루저를 타고 네팔 카트만두까지 갔다. 그곳 파탄병원의 외과 양승봉, 생화학 손건영, 해부병리학 이민철 선교사님과 함께하며 다양한 의료 선교를 접했다. 네팔 북부 도티병원과, 영국 가정의학과 의사 다섯 명이 근무하는 중부의 암피발병원도 방문했다.

여러 선교지를 돌아보고 한국으로 돌아오는 비행기 안에서 나는 외과를 전공하기로 마음을 정했다. 외과는 폭넓은 진료에 응급치료까지 가능해 의료 환경이 척박한 선교지에 꼭 필요한 전문 분야였다. 문제는 힘든 훈련 과정이었다. 그동안 중증 근무력증은 호전되어 약을 먹지 않고도 지낼 수 있었다. 하지만 수련 중 재발하면 중도 하차할 수밖에 없었다. 그래도 도전하고 싶었다. 내심 이런 배짱도 있었다.

'나를 선교사로 쓰려면 하나님께서 알아서 하시겠지.'

이화의료원 동대문병원에서 외과 수련을 시작했다. 신기하게도 약한 번 먹지 않고 레지던트 과정을 지날 수 있었다. 무엇보다 하나님의 은혜였고, 또 다른 이유도 있었다.

하루하루 살아남기 바빴던 레지던트 3년 차 4월의 첫 주일 오후였다. 비정부기구 활동에 관심이 있던 나는 이화여대 국제대학원에서 국제개발협력을 공부하고 있는 손은영이라는 대학원생을 만나 이야기를 듣기로 했다. 특수교육을 배우다가 사회복지에 관심이 있어 복수전공을 한 그녀는 월드비전에서 인턴을 하고 베트남 프로젝트도 경험한 매력적인 여성이었다.

나는 한눈에 반했다. 힘든 레지던트 과정 중에도 그녀를 만나면 숨이 트였다. 열심히 그녀를 따라다니면서 선교사가 되면 국제기구에 있을 때보다 더 많은 활동을 할 수 있다고 설득했다. 신앙 좋은 은영은 기도하면서 하나님의 부르심을 신뢰하고 선교사로 가기로 결심했다.

수련의 과정을 무사히 마치고 2차 전문의 시험을 기다리던 겨울, 그동안 아무 증상이 없던 왼쪽 눈꺼풀이 다시 떨어져 올라가지 않았다. 5년 만의 재발이었다. 다시 약을 복용하기 시작했다. 아내는 내 병을 알고 있었다. 그럼에도 불구하고 내가 하나님께 무척이나 사랑받는 사람임을 느꼈다고 한다. 우리는 만난 지 9개월 만에 결혼했다.

외과 전문의가 되어 안양 샘병원 외과 과장으로 근무했다. 샘병원에서는 박상은 원장님의 리더십 아래 단기 의료 선교팀이 자주 꾸려졌다. 파키스탄, 미얀마, 인도네시아, 아프가니스탄, 우간다, 스와질란드, 남아프리카공화국 등 나는 기회가 있을 때마다 참여했다. 성경 지식을 쌓기 위해 온누리교회가 운영하는 두란노 바이블칼리지 야간 과정을 2년간 이수했다. 외과 의사로서 경험을 쌓고 성경 지식도

넓히며 선교사로 나갈 준비를 착착 해나갔다.

문제는 내부에서 일어났다. 두 사람이 사랑으로 가정을 이루고 함께 선교사로 나가기로 서원했지만, 각각 왕자와 공주로 살아온 사람들이 갑자기 한마음이 되는 기적은 일어나지 않았다. 사소한 의견 충돌로 화를 내고 서로에게 상처를 주곤 했다. 선교지로 떠나기 전에 부부관계부터 바로잡아야 했다. 절박한 마음으로 우리 부부는 지구촌가정훈련원 교육과정에 들어가 6개월을 보냈다. 이웃을 사랑하기 위해 선교사가 되겠다는 내가, 가장 가까운 아내조차 사랑하는 마음이 너무도 적은 것을 보았다. 친절하고 좋은 사람이라고 착각했던 내 모습이었다. 더 많이 버리는 연습이 필요했다.

본격적으로 선교 훈련을 받기 위해 GMTC(한국해외선교회 선교훈련원)에 들어가기로 했다. 2009년, 4년 동안 근무해온 병원을 그만두고 아내와 네 살, 두 살 된 두 아들과 함께 6개월간 합숙 훈련에 들어갔다. 번듯한 시내 아파트에서 산 위의 낡은 13평 연립주택 숙소로 이사하던 날, 이삿짐센터 아저씨가 아내를 보고 혀를 찼다.

"아이고, 우리 사모님 큰일나셨네."

아마도 집이 망해 이사하는 줄 알고 딱하게 여겼던 것 같다.

열일곱 가정과 싱글 세 명이 38기로 훈련을 시작했다. 매일 아침 8시부터 강의, 숙제, 상담, 공동체 훈련, 예배, 청소 등으로 바쁜 시간을 보냈다. 성경, 선교학, 타문화, 비교종교, 의사소통, 부부관계, 자녀교육 등을 통해 배운 말씀과 이론, 경건 훈련이 큰 자산이 되었다. 오랜만에 부부가 함께 앉아 공부하고 기도하고 대화하니 행복했다.

훈련 기간 중 우리 부부는 SIM(Serving In Mission) 선교사로 허입되었다. SIM은 1893년 수단내지선교회로 출발한 이후로 여러 단체들과 연합해 현재의 선교회가 되었다. 미국에 총본부를 두고 있고, 복음주의 신학과 신앙 위에 국제적이며 교파를 초월한 4천여 명의 선교사들이 6대륙 70개 나라에서 섬기고 있다. 한국 SIM 지부는 1997년부터 활동하고 있다.

우리 사역지는 나이지리아로 정해졌다. 한국에서 훈련이 끝나면 영국의 열방대학(All Nations Christian College)에서 연수를 받고 아프리카로 떠날 예정이었다. 모교회 동광교회에서 선교사 파송 예배도 드렸다. 하지만 걸림돌은 여전히 남아 있었다. 열방대학은 합격했으나 영국 비자가 거부되었다. 전혀 예상치 못한 일이었다.

'선교사로 가는 것을 하나님께서 원하지 않으시는 건가?'

하나님의 인도하심을 믿고 확신 있게 준비했건만 선교사로 나가는 길은 쉽지 않았다. 그렇게 한 문이 닫혔고 다른 문이 열렸다. 캐나다에서 일 년 동안 어학을 배울 기회가 생긴 것이다. 이제 진짜 떠날 일만 남아 있는데, 이번에는 아버지의 조용한 반대가 시작되었다.

문제와 함께
사는 법

아버지는 목회자시다. 나를 선교사로 파송한 동광교회를 담임하셨다. 아버지는 내가 발병한 후 선교사로 서원한 걸 알고 계셨다. 그러나 막상 내전과 열병이 있는 나이지리아로 떠나려 하자 괴로워하셨다. 아버지는 나를 붙드셨다.

"그 몸으로 네가 할 수 있겠니? 건강한 사람도 선교는 쉬운 일이 아니다. 선교지라도 바꾸면 어떻겠니?"

나는 생전 처음으로 아버지께 맞섰다.

"아버지, 저는 오늘 죽을지 내일 죽을지 모르는 사람이에요. 하나님께 서원했는데 선교지에 가보지도 못하고 죽으면 하나님 앞에 가서 뭐라고 말씀드릴 수 있겠어요?"

아버지의 심정을 이해한다. 목회 현장에서는 용사였던 아버지도 아픈 자식이 힘들기 그지없는 곳으로 가는 걸 막고 싶으셨을 것이다.

처음 내 병을 아셨을 때, 부모님은 하염없이 우셨다. 그 애통함은 세상 무엇으로도 위로할 수 없었다. 그러나 약을 먹고 차도가 있자 의대를 졸업하고 전문의를 따고 결혼도 하고 손자들도 낳는 모습을 보며 좀 더 오래 당신 곁에 두고 싶으셨던 것 같다. 아버지도 하나님 앞에서 한 '서원'의 무게를 잘 알기에 눈물로 나의 나이지리아 행을 허락하셨다.

"자식을 셋이나 두었는데 우리와 함께하는 아이가 하나도 없구나."

우리 가족에게는 나 말고도 또 다른 아픔이 있었다.

1981년, 서울의 대표적 공장지대였던 가리봉동에 아버지 이영범 목사와 어머니 박미자 사모는 동광교회를 개척하셨다. 가난한 농촌의 여덟 남매 중 여섯째인 아버지는 고생하며 공부해 목사가 되었다. 가리봉시장 앞 삼거리 3층 건물 꼭대기가 교회이고 집이며 우리 형제들의 놀이터였다. 개척 당시 구로공단은 돈 벌기 위해 시골에서 올라온 어린 청년들로 넘쳤다. 그들은 지저분하고 좁은 골목길을 돌고 돌면 나오는 소위 '벌집'에서 살았다. 간신히 두 사람이 누울 수 있는 방 하나에 연탄 아궁이만 있고, 다닥다닥 붙어 있다고 그런 이름으로 불렸다. 가난한 교회에 가난한 청년들이 모였다. 우리 교회에는 공장에서 일하는 형과 누나들이 많았다.

초등학교 2학년인 내 밑으로 남동생이 하나 있었다. 교회를 개척한 그해 부모님은 오랫동안 원해온 딸을 낳으셨다. 목회를 시작하며 막내딸을 얻은 기쁨으로 아버지는 '이루라'라는 고운 한글 이름을 지어주셨다. 초등학교 음악 교사였던 아버지는 맏아들인 내 이름도 베드로같이 단단한 반석이 되라는 의미에서 '한돌'이라고 지을 정도로 한글을 사랑하셨다. 비록 할아버지의 반대로 정식 호적에 오르지는 못했지만, 지금도 교회 어른들은 나를 한돌이라고 부르신다.

루라는 1년이 지나고, 2년이 지나고, 3년이 지나도 "으……으" 하는 단음절 소리만 낼 뿐 사람들과 눈도 마주치지 않고 혼자 놀았다. 유아자폐증이었다. 치료 방법은 없고 조기 특수교육만이 아이에게 해줄 수 있는 최선이었다. 어머니는 루라를 데리고 마포에 있는 특수학교를 오가셨다. 할 수 있는 방법을 다 써보았지만 날이 갈수록 상황은 악화되었다. 루라는 24시간 내내 누군가 옆에 붙어서 먹이고, 입히고, 화장실 시중까지 들어주어야 했다. 대부분 어머니가 이 힘든 일을 맡으셨다.

어느 날이었다. 불가피하게 루라만 방에 두고 부모님이 심방을 다녀오셨는데, 대소변을 본 루라가 자기 몸과 온 방 안에 똥칠로 범벅을 해놓고 놀고 있었다. 학교에서 밤늦게 돌아온 나는, 아버지와 어머니가 그걸 치우며 흐느끼시는 소리를 들었다. 내가 의대에 진학하기로 마음먹은 것은 여동생 루라를 고치기 위해서였다.

목사의 자식이 귀신 들렸다고 교회 안에서 수군대는 사람들도 있었다. 어머니는 끝이 보이지 않는 고통을 끝내고 싶어 몇 번이고 루라를 업고 한강 다리 위에 섰고, 마포대교에서 운전대를 꺾고 싶은 유혹을 이겨내야 하셨다.

주위에서 루라를 장애인 시설에 맡기라고 권유했다. 좋다고 알려진 곳을 다 돌아봤지만, 부모님은 마음에 드는 시설을 찾지 못했다. 미국 입양의 기회도 있었지만 친자포기서를 쓰라는 말에 거절하셨다. 대신 아버지는 발달장애인을 하나님의 자녀답게 사랑하는 최고의 복지 시설을 만들 계획을 세우셨다.

부모님이 나에게 보여주신 가장 큰 가르침은 문제와 함께 살아가는 삶이었다. 세상에는 해결할 수도, 이해할 수도 없는 일들이 얼마나 많이 일어나는가. 크리스천이라고 해서 다르지 않다.

아버지는 동광교회 교인들과 함께 홍천에 발달장애인 공동체 복지법인 '해 뜨는 집'을 세우셨다. 여동생은 이곳에서 다른 30명의 해뜸이들과 함께 돌봄을 받으며 안정된 생활을 하게 되었다.

딸을 돌보느라 몸과 마음뿐 아니라 신앙마저 바닥을 쳤던 어머니는 자신처럼 위로가 필요한 사람들이 아무 부담 없이 잠시 쉬어갈 공간을 꿈꾸셨다. 어머니는 은퇴한 아버지와 함께 강화도로 들어가 아름다운 꽃과 나무, 크리스마스 장식이 가득한 쉼터 '해오름'을 마련하셨다. 이 작은 카페에는 낙망하고 지쳐 날개 펼 힘조차 없는 영혼들이 매달 200-300명씩 찾아와 어머니가 내려주는 따뜻한 차 한 잔의 위로를 받고 돌아간다.

내가 선교사로 서원하자 남동생은 미국으로 건너가 죽어라 공부해 유명한 회사에 취직했다. 선교사 형과 중증 자폐증 여동생, 연로하신 부모님을 보며 '우리 집에서 돈 벌 사람은 나밖에 없구나' 하는 각성이 그를 단단하게 만들었다. 고칠 수 없는 병, 나아질 수 없는 장애. 두 가지 고통은 오히려 우리 가족을 더 성숙하고 더 나은 사람이 되어가도록 이끌었다.

원래 유머가 넘치는 아버지는 당신이 딸의 이름을 잘못 지어 온 가족이 고생한다며 이렇게 말씀하셨다.

"내가 딸 이름을 '이루라'가 아니라 '이뤘다'라고 완성형으로 지었어야 했는데……."

우리는 모두 웃었다.

나와 아내, 산지와 산하 네 식구는 캐나다 비자를 받고, 많은 사람들의 축복 기도 가운데 캐나다로 출발했다.

의미 있는
돌

밴쿠버 버나비에서의 일 년은 어학뿐 아니라 서양 사람들과 그들의 문화를 배울 수 있는 좋은 기회였고, 나이지리아에서 겪을 많은 일을 위한 준비 과정이었다. 국제선교단체의 한국 선교사는 선교 현지 문화와 함께 서양 문화도 알아야 한다. 선교 대상은 현지인이지만, 동료는 서양 선교사이기 때문이다. 공용어인 영어 습득은 매우 중요했다. 그뿐 아니라 한국에서는 잘 몰랐던 그들의 풍습도 익혀야 했다. 밸런타인데이에 어떤 카드를 쓰는지, 아이들 생일에 친구들에게는 어떤 식으로 선물을 나눠 주는지 등 소소하지만 함께 지낼 문화권의 사람들과 잘 어울리고 대화하고 다가가려면, 그들의 예의와 격식을 배워야 했다.

캐나다에 있는 동안 영국의 리버풀대학 열대의학 과정에 입학해 석 달간 영국에 머물렀다. 이곳에서 공부하며 만난 각국의 친구들과는 그 후에도 종종 연락하며 도움을 받았다.

하나님의 계획은 완벽했다. 솔직히 선교사 파송예배까지 마쳤는데 난데없이 영국 비자가 거부되었을 때는 많이 낙심했다. 차선책으로 캐나다 행을 택했지만, 하나님께서 왜 이렇게 하시는지 의문이 들었다. 그때 쓴 기도편지에는 이재철 목사님의 글을 인용했다.

전문 바둑기사에 대해 늘 이해할 수 없었던 것은 단 한 수의 착오도 없이 어떻게 정확한 복기를 할 수 있느냐는 것이었습니다. 복기란 바둑이 끝난 뒤 양 대국자가 서로의 잘잘못을 되짚어 보기 위해 방금 두었던 대로 처음부터 끝까지 다시 되풀이해보는 것을 의미합니다. 한 바둑 전문인을 만날 기회가 있었을 때 드디어 저는 궁금증을 털어놓았습니다. 그의 대답은 의미 있는 돌들을 놓으면 누구든 복기를 할 수 있다는 것이었습니다. 다시 말해, 왜 바둑알을 그곳에 두는지 그 의미를 생각하면서 두면 복기가 가능하다는 것이었습니다. 복기는 단순히 돌의 순서에 대한 기억으로 이루어지는 것이 아니라 각 돌이 갖는 의미의 연결로 구성된다는 말이었습니다…… 참된 그리스도인의 삶이란 언제든 하나님 앞에서 자신의 삶을 복기할 수 있는 삶이라 정의할 수 있습니다.[2]

고도에서 날던 비행기가 급강하해 착륙하려면 위험하다. 우리가 캐나다에서 지낸 시간은 한국에서 나이지리아로 부드럽게 착륙하기 위해 고도를 떨어뜨려 나는 완충 구간이었다.

발병과 선교사 서원, 결혼, 선교사 훈련, 선교지 선택, 아버지의 반대, 영국 비자 거절, 그리고 캐나다에서의 일 년은 지나고 보니 하나하나 나의 길을 인도하시는 주님의 의미 있는 돌들이었다. 나이지리아로 출발하기 일주일 전, 팔리지 않아 고민하던 자동차도 새 주인이 나타나 현금이 입금되어 마무리까지 완벽했다.

2010년 8월 16일, 우리 가족은 밴쿠버 생활을 마치고 선교지 나이지리아로 향했다. 런던까지 열한 시간, 런던에서 나이지리아 수도 아부자까지 다시 여섯 시간을 가야 하는 긴 여정이었다.

아무것도 예측하지 않았다. 이해할 수 없는 일이 닥치더라도 하나님과 동행하면, 모든 돌들은 의미를 갖게 될 것이라는 믿음이 있었기 때문이다.

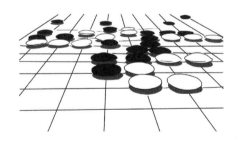

2장
피의 크리스마스

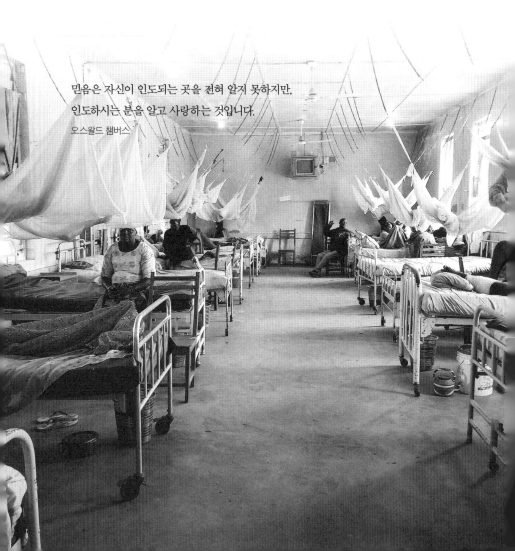

믿음은 자신이 인도되는 곳을 전혀 알지 못하지만,
인도하시는 분을 알고 사랑하는 것입니다.
오스왈드 챔버스

문제의 사이클
안으로 들어가다

"당신은 이제 나이지리아에서 끊임없이 돌고 도는 '문제의 사이클' 안으로 들어온 겁니다. 기본적으로 집, 차, 아이 이렇게 계속 돌아갑니다. 집이 괜찮으면 차가 고장나고, 차가 굴러가면 아이가 아프고, 아이가 잘 놀면 집의 배전선이 타지요. 다 좋을 때는 없어요. 그냥 다음 문제가 올 거라고 생각하는 게 속 편할 겁니다."

닥터 아딜이 말했다. 죽음 앞에서 의미 있는 삶을 살기 위해 선교사로 온 사람에게 환영사치고는 맥빠지는 얘기였지만 솔직했다. 그는 부모님이 선교사여서 나이지리아에서 태어나 어린 시절을 보냈다. 모국인 미국에 가서 외과 의사가 된 후 다시 선교사가 되어 이곳 나이지리아에서 20년을 지낸 베테랑 의사다. 초임 선교사에게는 필수적으로 개인 멘토가 있어 언제든지 상담과 도움을 받는데, 닥터 아딜은 2년 동안 나의 좋은 멘토였다. 그는 외과 의사로, 선교사로, 남편으로, 아버지로 어떻게 살아야 하는지 본이 되어주었다.

닥터 아딜이 말해준 것들 가운데 집 문제는 도착하자마자 이미 경험하고 있었다. 밴쿠버에서 출발한 비행기를 타고 런던공항에서 열 시간을 기다려 나이지리아 행 비행기에 타고 보니 대부분의 승객은 흑인이고 동양인은 우리 가족뿐이었다. 새벽 5시, 도착한 아부자 공항은 전기가 나간 탓에 어두컴컴했다. 입국 수속을 마치고, 대기하고 있던 SIM의 차에 올랐다. 차는 폭탄 맞은 것처럼 구멍이 숭숭 뚫린 도로를 곡예 운전하듯 이리저리 피하며 다섯 시간을 달려 겨우 조스 시 빙햄병원에 도착했다. 병원 안 의사 숙소는 녹슨 양철 지붕, 시멘트 바닥의 빨간 벽돌집이었다.

짐을 풀지도 못하고 소파와 침대에 다들 쓰러졌다. 35시간 만에 눕는 것이었다. 전기가 들어오지 않아 초를 켜고 저녁을 먹었다. 화장실에 갈 때는 랜턴을 켰다. 첫날 그리고 그후로 며칠 동안, 무서워하는 아이들을 달래며 다 같이 한방에서 잤다. 녹슨 양철 지붕을 때리는 빗소리는 강렬했다. 옆에서 말하는 아내의 목소리가 들리지 않을 정도였다. 지붕을 뚫고 들이친 빗물은 집 안 여기저기에 흔적을 남겼다.

가방을 풀기도 전, 옆집에 살던 미국 산부인과 의사 르만스키 선교사가 갑자기 철수를 결정해 그 집으로 다시 이사했다. 이 집은 다행히 바닥에 타일이 깔려 있어 이미 집에 대한 기대치가 낮아질 대로 낮아진 우리를 기쁘게 해주었다. 떠나기 전, 그는 집에 대해 이것

저것 설명해주었다.

"닥터 리, 여긴 기본적으로 다섯 개의 철문이 있어요. 자기 전에 모두 잠가야 합니다. 강도가 들어오는 비상시에는 안방 스위치로 경고음을 울린 다음 창문을 열고 탈출하세요. 혹시 총을 든 강도가 침입하면 이곳으로 숨어야 합니다."

그가 가리키는 가장 안쪽 방은 총을 쏴도 뚫리지 않게 철문이 달린 피난처 같은 곳이었다. 비로소 무서운 곳에 왔다는 실감이 들었다. 나이지리아 조스는 2001년 이후로 무슬림과 크리스천 간에 심한 충돌이 일어나는 도시다. 내가 도착했던 2010년 한 해 동안 500명 이상이 종교적인 이유로 살해되었다.

새로 옮긴 사택은 전압이 50볼트에서 300볼트를 넘나들며 하루에도 몇 번씩 나갔다가 들어오기를 반복했다. 가전제품을 보호하기 위해 전압을 일정하게 230볼트로 안정시키는 스태빌라이저도 충격을 견디지 못하고 타버린다. 그래도 사흘씩 전기가 안 들어와 냉장고 음식들을 버리는 것보다는 나았다.

첫 일주일 동안 동료 선교사들의 집에 초대되어 식탁 교제를 나누었다. 선교사들은 국적이 다양했다. 영어가 공용어지만 미국식, 영국식, 호주식에 아프리카식까지 있어 알아들으려면 신경을 곤두세워야 했다. 식탁 교제는 정식 오리엔테이션만큼 유익했다. 우리는 카타딘 필터에 걸러 먹는 물 만드는 법, 야채를 희석한 락스 물에 30분 담근 후 정수 물로 씻어 먹는 법, 현지 시장에서 상 보는 법, 마른 빨래에 건조기나 다리미로 열을 가해 옷 속의 망고벌레 죽이는 법 등을 배웠다. 이 애벌레가 피부에 들어가면 그 속에서 알을 까고 나온다고 한다.

"기도하면 벌레가 죽는 줄 알았더니 아니더라고."

나이지리아에서 오래 사역해온 이능성 선교사님의 눈물겨운 고백이다.

8년 된 중고차를 샀다. 미터기에는 6만 마일이 찍혀 있지만, 앞 유리 스티커에는 14만 마일을 달렸다고 고백하는 나름 정직한 차였다. 한 주는 바퀴, 그다음 주는 연료 펌프, 에어컨, 냉각기, 브레이크가 줄줄이 고장났다. 짝퉁 새 부품보다 폐차된 차에서 떼온 중고 부품이 오리지널이라고 더 비쌌다. 차를 고칠 때는, 아는 사람을 옆에 붙여 하루종일 지켜보게 해야 한다. 그렇지 않으면 차 안에 있는 멀쩡한 부품들을 분해해 가져가고, 수리하지 않고 비용만 청구하기 때문이다. 그래도 집이나 차 문제는 돈이 들어 그렇지 해결되니 다행이었다.

가장 힘든 것은 아이들 문제였다. 나이지리아에 도착하고 이틀 후, 큰아들 산지는 힐크레스트 초등학교 1학년에 들어갔다. 이 학교는 여덟 개 선교단체가 연합해 만든 선교사 자녀 학교였다. 지금은 선교사 수가 줄어들어 나이지리아 현지인이 대다수인 크리스천 국제학교가 되었다.

학교에 아이를 데려다주고 가려 하자 산지는 울 듯한 얼굴로 내 손을 꼭 붙들고 놓지 않았다.

"산지야, 너무 힘들면 그냥 집으로 갈까?"

아이가 고개를 흔들었다. 대신 자기 옆에 있어 달라고 했다. 첫 1학년 오전 수업은 산지 옆 작은 의자에 앉아 열두 명의 반 친구들과 함께 들었다. 다행히 그 후로 산지는 씩씩하게 적응을 잘해갔다.

자식이 아프면 의사인 아버지도 별수없다. "주여!" 하는 기도부터 절로 터진다. 작은아들 산하는 조금만 더우면 온몸에 열꽃이 피며 가려운 증상이 있었다. 우리가 한국에서 선교사 훈련을 받을 때부터 그랬다. 공기 좋은 캐나다에서도 가라앉지 않았고, 나이지리아에 와서는 더욱 악화되었다. 아이는 밖에 나가는 걸 두려워했다. 이웃의 친구 집에도 놀러가지 못했다. 에어컨이 고장난 차로 이동했을 때, 피부에 열꽃이 오른 아이가 너무 우는 바람에 길가에 차를 세워야 했다. 이걸 본 다른 선교사가 속으로 생각했다고 한다.

'아, 이 선교사 가정은 아이 때문에 못 버티고 철수하겠구나.'

나이지리아에서 쓴 첫 기도편지에 SOS를 쳤다.

"산하가 자랄수록 몸에서 좀 더 땀이 많이 나 체온 조절이 되기를 기도하고 있습니다. 생각날 때마다 함께 기도해주시길 부탁드립니다" (2010년 9월).

기도편지를 보내고 그다음 날이었다. 해가 쨍쨍한 오후 2시, 마당에서 즐겁게 놀고 있는 산하를 발견했다. 신기한 일이었다. 이후로는 한번 밖에서 놀기 시작하면 들어오려고 하지 않아 쫓아다녀야 했다. 나와 함께 일하는 현지인이 말했다.

"하나님께서 당신 가정과 함께하시는군요."

나이지리아로 우리를 부르신 하나님의 강력한 임재를 체험한 순간이었다.

첫 손님

선교사 집은 가져갈 게 많다고 소문나 종종 도둑과 강도의 표적이 된다. 실제로 내가 오기 5년 전, 무장 강도가 들어 나의 멘토인 닥터 아딜과 임상병리 기사의 아들 엘리야가 총에 맞아 미국으로 응급 후송된 사건이 있었다. 그 후로 현지인을 고용해 밤마다 집 주변을 순찰하고 있었다.

우리 가족이 온 지 한 달쯤 되었을 때다. 깜깜한 밤 8시에 경비원이 나를 불렀다.

"닥터 리를 안다는 사람이 찾아왔어요. 지금은 밤이니 환한 낮에 다시 오라고 해도 돌아가지 않네요."

나가보니 20대 초반의 잘생긴 청년이 문 앞에 서 있었다. 아무리 봐도 모르는 사람이었다. 청년이 자기 소개를 했다.

"저는 아마두라고 합니다. 부모님 없이 할머니와 살고 있는 학생입니다. 지금까지 닥터 트럭스턴, 아딜, 미쉘 선교사의 도움으로 살아왔습니다. 하나님의 은혜로 얼마 전 조스대학에 합격했습니다만, 입학금이 없어 못 가게 되었어요. 한 번만 도와주시면 다음에 꼭 갚겠습니다."

아마두는 가져온 여러 가지 서류를 보여주었다. 사정도 딱하고 선임 선교사들의 도움을 받았다고 하니 믿을 만한 사람 같았다. 그런데 요구하는 액수가 상당히 컸다. 일단 정중히 거절하고 돌려보냈다.

아마두는 그 후에도 여러 차례 찾아왔다. 배고프다고, 동생이 아프다고, 가죽 신발을 사야 하니, 돈을 달라고 했다. 올 때마다 나는 500나이라(한화 5천 원)를 주었다. 이를 본 현지인들이 내게 말했다.

"아마두는 이제 직접 일해서 살아야 할 나이니 더 이상 돈을 주지 마세요."

이웃 동네에 사는 한 장로님은 걱정했다.

"이러다가 도둑이나 강도로 변해서 올 수 있습니다. 조심하세요."

장로님은 직접 아마두의 집으로 찾아가 식구들을 만나고 그에게 교회 청년회에 나올 것을 권유했다. 그러고 나서 아마두는 더이상 나를 찾아오지 않았다. 교회에도 오지 않았다고 한다.

일 년이 지난 어느 날이었다. 아마두가 다시 찾아와 할머니가 돌아가셨는데 장례비가 없다며 돈을 요구했다. 나는 거저 돈을 주는 것이 옳지 않다는 여러 사람의 충고를 듣기로 했다.

"이제부터는 그냥 돈을 줄 수 없어요. 잡초를 뽑으면 대가를 줄게요."

그런데 아마두와 대화를 나눈 현지인이 나에게 말했다.

"돌아가신 분은 친할머니가 아니라 먼 친척이랍니다. 장례를 책임지는 사람도 아마두가 아닌 다른 어른이고요."

나는 아마두에게 일한 만큼의 돈을 주고 돌려보냈다.

한동안 그를 잊고 지냈는데, 외과 동료인 닥터 오모톨라가 나를 보더니 아마두를 아느냐고 물었다.

"닥터 리가 한국에 갔을 때, 아마두가 찾아왔어요. 당신을 잘 알고 있고 도움을 많이 받았는데 먹을 것이 없으니 도와달라고요."

점잖은 닥터 오모톨라는 나를 믿고 아마두에게 전화번호도 주며 최선을 다해 그를 도왔다고 한다. 나는 아마두를 병원으로 불러 닥터 오모톨라가 있는 자리에서 다짐을 받았다.

"다시는 허락 없이 내 이름을 이용하지 마세요."

닥터 오모톨라는 마지막이라며 또 돈을 주었다. 마음 약한 그는 그 뒤로도 여러 번 아마두에게 시달렸다.

병원 안 선교사 사택에 살다보니 도움을 구하러 오는 사람들이 많다. 환자와 보호자, 학생, 현지 선교사, 퇴사한 병원 직원 등이 약값, 수술비, 진료비, 식료품비, 교통비, 학비, 장례비, 논문 복사비 등 다양한 이유로 돈을 요구한다. 모두 딱한 사정이라 도와주고 싶지만 현금을 주는 것은 조심해야 한다. 나이지리아에서는 친형도 형이고 아는 동네 사람도 형이다. 형이 죽었다고 장례비를 요구해도 사실인지는 알 수 없다. 한번 도움을 받은 사람이 계속해서 찾아오는 걸 보면, 돈 주는 일이 의존성을 키우는 것은 확실하다. 선의로 베푸는 도움이 스스로 문제를 해결하려는 의지를 무너뜨리지 않도록, 거절할 때는 분명하게 "노"(No)라고 해야 한다. 그런데 선교사는 이 말을 하기가 참 어렵다.

나이지리아의 우기에는 매일 비가 내린다. 그러나 10월부터 건기가 시작되면 다음 해 4월까지 거의 비가 없다. 2월이 되면 우물이 마른 다. 그러면 물 트럭을 불러 물을 사야 한다. 한 번 쓰고 버리는 물은 없다. 욕조에 물을 받아 아이들이 씻고, 엄마와 아빠가 씻고, 그 물을 모아 화장실이나 빨래할 때 쓰고, 마지막에는 나무에 물을 준다.

그 귀한 물을 보관하는 물탱크를 점검하다가 빨간 실 같은 것을 여러 개 발견했다. 자세히 보니 큰 지렁이들이 꿈틀대며 헤엄치고 있 었다. 나는 비위가 좋은 편인데도 순간 속이 메스꺼웠다. 온 가족이 먹고 마시는 물에 지렁이가 있다니. 도대체 어디서 들어온 것일까?

한 방울의 물도 아깝지만 물을 다 비우고 청소를 했다. 선교사의 역할이 물탱크 같다는 생각이 들었다. 선교사는 아무리 심한 건기에 도 하늘에 파이프를 연결하고 자신의 영혼을 생명수로 채울 수 있어 야 한다. 그래야 주변의 목마른 영혼들에게 생수를 흘려보낼 수 있 다. 그러나 자신도 모르게 들어온 지렁이 같은 죄의 씨앗들이 있다. 적당히 넘어가는 작은 거짓말, 합리화된 불투명한 삶의 조각, 지혜를 가장한 이기적인 동기……. 당장은 큰 문제가 아니지만 시간이 갈수 록 물은 서서히 오염되다가 결국 썩은 물이 되고 말 것이다.

선교사는 어떻게 해야 생수처럼 살아갈 수 있을까? 거짓말이 뻔

한데도, 선교사한테 왔다가 돈을 못 얻고 어깨가 축 처져 돌아가는 사람의 뒷모습을 보면 하루종일 마음이 무겁다.

'가난한 사람들을 돕겠다고 여기까지 왔는데, 그냥 5천 원이라도 줄걸.'

매일 후회한다.

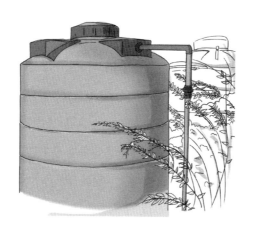

피의
크리스마스

나이지리아에서 처음 맞는 더운 크리스마스이브였다. 아들이 다니는
힐크레스트 학교 강당에 선교사와 현지인이 다함께 모여 음악 예배
를 드렸다. 부족하지만 나는 동료와 함께 기타를 연주했다. 예배를
마치자마자 사람들이 웅성댔다. 선교사 한 명이 상기된 얼굴로 마이
크를 잡았다. 목소리가 가라앉아 있었다.

"조금 전 빙햄병원 근처, 가다 비유 시장에서 폭탄이 터졌습니다.
많은 사상자가 났습니다. 해당 지역은 접근하지 마세요. 시내 도로가
통제되고 있으니 조심해서 돌아가기 바랍니다."

아직 병원에서 온 전화는 없었다. 많은 사람이 한꺼번에 전화를 해
서 그런지 통신이 불안정했다. 병원 안 사택으로 가기가 위험해 선교
부의 게스트하우스로 갔다. 예수님이 태어나신 밤, 도시는 공포와 분
노가 짓누르고 있었다. 이따금 천둥소리 같은 총소리가 적막을 깼다.

다음 날, 병원은 난리가 나 있었다. 간밤에 밀려온 백여 명이 넘는 부상자들로 북새통이었다. 울부짖는 사람들의 상처에서 흐르는 피로 침대는 흠뻑 젖어 있었다. 폭발로 인한 처음 보는 상처에 놀랐지만 닥터 아딜과 함께 응급처치와 수술을 했다. 이 와중에 주지사와 보건장관이 카메라맨을 대동하고 병동에 들어와 촬영하더니 돕겠다는 말을 남기고 갔다. 우리는 최선을 다했으나 일곱 명이 죽고 많은 청년들이 다리를 절단해야 했다.

크리스천 지역의 시장에서 벌어진 두 차례의 폭탄 테러는 조스시가 이슬람 테러 단체의 표적임을 다시 한번 일깨워주었다. 조스는 나이지리아 중부 플라토주의 주도로 해발 1,200미터 고지에 위치한다. 날씨가 선선하고 멋진 돌산이 있어 인기 있는 신혼여행지며, 여러 선교단체의 본부가 있는 곳이기도 하다. 플라토주의 모토는 "평화와 관광"인데 폭탄 테러로 무색해지고 말았다.

우리 병원은 경비를 더 세웠다. 힐크레스트 학교는 주차장을 아이들의 교실에서 멀리 떨어지게 했다. 주요 관공서들은 모래주머니와 콘크리트 블록을 건물 주위에 둘렀다. 인구 백만의 도시에는 무슬림 지역과 크리스천 지역으로 나뉘어 생사를 가르는 전선이 그어졌다. 선교사들에게는 경계 지역을 표시한 지도가 배포되었다. 충돌이 있을 때 다른 영역으로 들어가면 죽는다고 했다.

간밤에 어느 마을이 습격당해 수십 명이 죽었다는 소문이 돌았다. 남자들은 조를 짜 밤마다 자기 마을 입구에서 무기를 들고 불침

번을 섰다. 크리스천 학교와 병원, 기관이 다음 테러의 목표라고들 했다. 모스크의 이맘은 무슬림들에게 기독교 병원에 가면 죽는다고 경고했다. 학교에 갈 때도, 시장에 갈 때도 신경을 곤두세우는 것이 새로운 일상이 되었다.

며칠 후, 해가 바뀌어 2011년 1월이 되었다. 아이들의 학교는 두 주 동안 문을 닫았다. 곧 있을 대통령 선거를 앞두고 거리에는 긴장이 점점 더 고조되었다. 시내에서 무슬림 측의 선거와 유세 집회가 있었다. 결과에 불만을 품은 하우사족 사람들과 이보족 사람들이 충돌했고, 아무 상관도 없는 근처의 이보족 크리스천 40명이 죽임을 당했다. 이전의 치안 담당자가 중립적이지 않다는 이유로 경질되고, 무슬림과 크리스천이 섞인 군인들로 치안 유지가 시작되었다. 거리에는 더 많은 바리케이드가 세워졌다.

1월 말, 조스대학 학생 16명이 총에 맞아 병원으로 실려 왔다. 평소처럼 대학 정문 앞에 간식을 사러 갔던 대학생 세 명이 무슬림 지역에 들어갔다가 죽어서 나오자, 분노한 친구들이 싸우기 위해 그 마을에 몰려갔고 군인들이 쏜 총에 맞은 것이다.

옆에서 구경하던 여덟 살 남자아이도 총알이 배를 관통했다. 아이는 병원에 실려 왔으나 과다출혈로 수술대 위에서 죽었다. 죽은 아이의 아버지가 통곡했다. 총을 쏜 군인도 다쳐서 중환자실에 누워 있었는데, 이를 본 아이의 아버지가 그를 죽이겠다고 펄펄 뛰었다. 험악해진 분위기에 다친 군인은 급히 공군병원으로 이송되었다.

주유소 세 군데와 여러 집들이 불태워져 도시 여기저기에서 시커

먼 연기 기둥이 솟구쳤다. 이틀 후, 분노의 표시인 검은 옷을 입은 천
여 명의 나이지리아 어머니들이 울면서 거리로 나와 시위를 벌였다.

"제발 우리 아이들을 죽이지 말라."

다행히 어머니들의 시위는 평화롭게 끝났다.

붉은 눈

2월 15일은 이슬람의 창시자 무함마드의 생일을 기념하는 공휴일이었다. 이날 시장에서 다투던 무슬림들을 말리다가 크리스천 경찰이 사망하는 사건이 일어났다. 이 소식에 크리스천들이 무슬림 경찰들을 공격했다. 그중 한 무슬림 경찰이 우리 병원으로 도망하려다가 정문 앞에서 끌려 나가 죽임을 당하고 차는 불태워졌다. 또다시 거리 곳곳에서 싸움이 벌어졌다. 몽둥이와 칼, 총에 다친 사람들이 병원 응급실을 채웠다. 거리에는 더 많은 장갑차와 군인들이 배치되었다. 도시의 하늘에는 낮게 떠서 순찰하는 헬리콥터의 소음이 가득했다.

3월 말, 조스로 들어오던 수상한 트럭이 적발되었다. 그 안에는 폭탄 부품이 실려 있었다. 이어 시내에서 폭탄제조 공장 세 곳이 발각되었다. 4월, 대통령 선거를 앞두고 병원 바로 옆 폴로 광장에서 무슬림 측 지지를 받는 후보 부하리의 선거유세가 있었다. 하루종일 담

너머로 수천 명의 함성과 질서를 유지하려는 군인들의 총소리가 들렸다. 공중에 쏜 총알이 병원 쪽으로 날아들고 병원 물탱크가 뚫려 물이 샜다. 앞마당에서 놀던 우리 아이들이 놀라 급히 집안으로 들어왔다.

유세가 끝나고 돌아가는 무슬림들에게 크리스천들이 돌을 던지면서 싸움이 시작되었다. 병원 앞 주차장에 서 있던 크리스천 청년 하나가 누군가 육교 위에서 쏜 총에 목을 맞고 즉사한 채 병원에 실려왔다. 화가 난 청년의 친구들이 시신을 가져가겠다고 병원 경비를 뚫고 몰려들었다.

"우리가 그 시신을 메고 온 도시를 다니며 대대적으로 싸우겠으니 내놓으시오."

병원에서 거절하자 이번에는 입원환자 중에서 무슬림을 찾아 죽이겠다고 온 병동을 돌아다녔다.

그 와중에 나는 레지던트들을 모아 놓고 상처 치료에 대해 가르치고 있었다. 강의실 창문 너머로 보이는 청년들은 벌겋게 충혈된 눈으로 병동을 헤집고 다니고 있었다. 그들이 무서워 나갈 수 없었다. 아내에게 전화해 청년들이 우리 집으로 갈 수 있으니 절대로 문을 열지 말라고 당부했다. 병원 직원들은 환자들을 보호하기 위해 청년들을 막아서고 문을 잠갔다. 더욱 화가 난 청년들 수십 명이 병원 정문 앞에 모여 병원에 불을 지를 것인지 논의했다.

닥터 기다도와 마취 간호사 켄티옥, 그리고 교회 장로가 용감하게 그들 가운데 들어가 대화를 시작했다.

"여러분이 예수님의 사람이라면, 왜 같은 예수님의 사람들을 죽이려고 합니까?"

흥분한 채 크리스천 아닌 환자들을 다 불러내라고 소리치던 청년들은 나이 지긋한 어른들의 설득으로 어둑해질 무렵 일단 해산했다. 그러나 밤중에 무슨 일이 일어날지 몰라 우리 가족은 사택을 나와 게스트하우스에서 하루를 지냈다. 병원 정문은 장갑차와 사람들로 막혀 있어 비상 뒷문으로 탈출했다.

4월에는 세 번의 선거가 있었다. 지방 선거, 주정부 선거, 대통령 선거와 연방 선거였다. 학교는 문을 열고 닫기를 반복했다. 선거가 있는 토요일마다 통행금지가 실시되었다. 마지막으로 크리스천 측의 굿럭 조나단 대통령이 당선되면서 험악하고 길었던 선거 기간이 끝났다.

조스는 더 이상의 폭력 사태 없이 지나갔다. 하지만 옆의 카두나 주에서는 500명이 죽었고, 보르노주의 수도 마이두구리에서는 폭탄 테러가 있었다. 북부 나이지리아에서는 80개 이상의 교회가 불탔다.

예고 없이 도시가 마비되는 일이 흔하기에 나이지리아 SIM 선교사들은 한 달 치 식량을 저장해놓는다. 비상용 석유와 함께 자동차도 언제든지 타고 이동할 수 있게 예비해놓는다. 우리는 네 드럼의 석유를 비축하고, 손전등, 무전기, 배터리, 비상금, 여권 등을 넣은 비상탈출 가방도 준비하고 있다. 정기적으로 보안 훈련도 받는다. 무장 강도, 차량 납치 등을 당했을 때 어떻게 대처하는지 외부의 전문 훈련 교관에게 상황극을 통해 배운다. 총알을 피하려면 엔진 뒤에 숨어야 한다. 영화에서 보는 것과 달리 총알은 차를 쉽게 뚫고 지나간다. 납치당했을 때는 패닉에 빠지지 말고 침착하게 관찰, 해석, 판단으로 연결되는 생각의 사이클을 놓치지 말라고 배웠다.

"비인격적으로 심문받는다든지 구타당해도 맞서 싸우거나 논리적으로 따지지 말고 인간적인 대화를 계속해야 합니다."

훈련 교관은 아주 심각하고 어려운 질문을 했다.

"혹시 눈앞에서 아내나 딸이 성폭행을 당한다면 어떻게 하겠습니까?"

생각만 해도 끔찍한 일이다. 우리가 우물쭈물하며 대답을 못하자 그는 단호하게 말했다.

"본인들의 선택이지만 잊지 말 것은 생명이 가장 중요하다는 사실입니다."

나이지리아에서는 테러보다 더 빈번하게 납치 사건이 일어난다. 돈을 뜯어내기 위한 생계형 납치다. 납치범들은 돈뿐 아니라 갖가지 물건도 요구한다. 우스갯소리로 납치는 나이지리아인의 사업이라고들 한다. 그것도 가장 빠르게 성장하는 사업 중 하나다. 현지인 납치가 훨씬 많지만, 선교사를 포함한 외국인은 몸값을 몇 배로 더 받아낼 수 있어 좋은 표적이 된다.

최근에 납치되었다가 돌아온 영국 산부인과 의사 존이 이런 말을 했다.

"납치범들이 요구한 금액을 받고 가장 먼저 한 일이 뭔지 알아요? 성공했다고 하나님께 감사기도를 하더라고요. 그러더니 나한테 '선교사인 줄 아는데 미안하다'며 풀어주었어요."

존은 운이 좋았다. 다시는 돌아오지 못하는 사람들도 있다.

한국에서 선교사 훈련을 받을 때, 우리 부부는 몇 가지 조건을 하나님께 솔직하게 말씀드리고 우리에게 맞는 선교지를 주시길 기도했었다. 국제선교단체, 의료가 가장 낙후된 아프리카 지역, 영어가 통하는 곳, 선교병원, 좋은 선배의 멘토링을 받을 수 있는 곳, 아이들 학교가 가까이 있는 곳 등이었다. 하나님은 모든 조건을 들어주어 우리를 나이지리아로 인도해주셨다. 그런데 우리가 빼놓은 것이 있었다. 안전이었다. 와서 보니 이곳은 참 살벌한 곳이었다.

선교사로 온 지 일 년이 채 안 되었다. 그 사이에 피로 얼룩진 크리스마스부터 폭력이 난무한 대통령 선거까지 나이지리아의 생생한 민낯을 경험했다. 짧지만 길게 느껴지는 시간이었다.

옛날이 더
좋았어요

"돈도 없고 경찰도 없던 옛날이 더 좋았어요."

닥터 오모톨라가 예전의 나이지리아를 회상하며 슬퍼했다. 나이지리아 남부 오요주 출신의 나이 지긋하고 점잖은 외과 의사의 말이다.

"나이지리아는 원래 추장이 있는 씨족사회였어요. 그 안에는 거지나 고아, 도둑질하는 사람이 없었어요. 누군가가 길에서 구걸한다는 건 그 씨족의 수치여서 서로 도와줬지요. 고아나 과부, 아픈 사람이 생기면 확대가족인 씨족 공동체가 함께 책임을 졌습니다. 도둑질하거나 나쁜 행동을 하면 연장자나 추장이 바로 제재하고 처벌했지요. 부족이나 마을 사이에 갈등이 일어나면 추장끼리 만나 상응하는 보상을 합의하고 평화를 찾았고요."

닥터 오모톨라 같은 나이지리아 노인들의 말을 들어보면, 옛날 씨족사회에는 현재보다 더 잘 작동되는 시스템이 있어 범죄가 적고 질서가 있었다고 한다. 하지만 영국의 식민 통치를 지나 근대에 접어들며 추장과 연장자의 권위는 무너지고, 극단적 물질주의와 개인주의가 팽배해졌다. 그런 정신적, 사회적 공백을 대체하리라고 기대했던 서구의 장점인 합리적 법질서는 사람들 사이에 뿌리내리지 못했다.

이런 갈등 속에 폭발한 1967년부터 3년간의 내전(비아프라 전쟁)으로 사람들은 더욱 황폐해졌다. 희생자가 급증하고 극심한 기아에 아사자까지 속출하며 '국경없는 의사회' 활동의 첫 무대가 되기도 했다. 총기 소유가 쉬워지면서 사회도 불안해졌다. 1970년에 시작된 석유 생산은 나라에 막대한 돈을 안겨주었지만, 보통 사람들의 빵이 되지는 못했고 마음에 불만 질렀다. 일반 서민은 상상 못할 액수의 부정부패로 상대적 박탈감만 더해졌기 때문이다.

2012년 새해는 파업으로 시작되었다. 정부가 석유 가격을 하룻밤 사이에 리터당 500원에서 1,250원으로 인상했다. 분노한 시민들이 거리로 쏟아져 나왔다. 정부가 제공하는 유일한 혜택인 싼값의 석유마저 가져간다고 화가 단단히 났다. 상점들이 공격당하자 시장은 폐쇄되었다. 국제선 비행기가 결항되고, 공공기관과 주유소가 일주일 넘게 문을 닫았다. 충돌과 혼란 속에 사상자 수가 계속 증가했다.

어쩌다 여는 주유소에는 차들이 300미터 이상 줄을 늘어섰다. 석유가 떨어져 문을 닫아도 떠나지 않고 그 자리에서 밤을 새웠다. 세계 10대 산유국에 남한의 아홉 배가 넘는 국토 면적, 아프리카에서 가장 많은 2억 명 이상의 인구를 가진 축복의 땅 나이지리아는 현재

정치, 종교를 이유로 발생하는 폭력에 의해 매년 보르노주에서만 6,500명 가량이 목숨을 잃고,[3] 나이지리아 전체 인구 중 절반 가까이가(53.47퍼센트)가 하루 2달러 미만의 수입으로 살아간다.[4]

아이러니하게도 그동안 테러와 폭력으로 얼룩졌던 조스가 그나마 가장 안전한 도시라고 했다. 라마단[5]기간에 있었던 무슬림과 기독교인 간의 충돌로 조스는 계엄령 아래에 있기 때문이었다. 곳곳에 군인들이 지키고 서 있으니 사람들이 모일 수 없었다. 그래도 혹시 몰라 식량과 생필품을 비축하고 조심했다.

이런 사정으로 병원 운영은 직격탄을 맞았다. 당장 발전기를 돌릴 석유가 없어 암시장에서 비싼 웃돈을 주고 구입하고, 돈이 없어 병원비를 내지 못하는 환자들의 빚은 쌓여간다. 행정 직원이 병원비를 받으러 환자의 집을 찾아가지만 정말 아무것도 없다며 빈손으로 돌아온다. 삶이 팍팍해진 직원들은 월급을 좀 더 많이 주는 곳으로 미련 없이 옮겨간다.

나이지리아 국민의 생활이 어려워진 이유는 석유 외에도 물, 전기, 그리고 교육에 있다. 15년 전만 해도 도시에는 상수도 시설, 안정된 전기 공급, 신뢰할 수 있는 공교육이 있었다. 지금은 이 시스템이 다 망가져 각 집에서 우물을 파고 소형 발전기를 사야 한다. 잦은 임금 체불로 인한 공립학교 교사들의 장기 파업으로 정상적인 교육이 불가능해, 교육열 있는 부모들은 무리해서라도 아이들을 비싼 사립학교로 보낸다. 병원 직원들이 자꾸 이직하는 심정을 나는 이해한다.

나이지리아의 수도는 아부자이고, 행정구역은 36개 주와 연방수도, 774개의 지방정부로 나뉘어 있다. 종교는 크게 남부의 기독교가 40퍼센트, 북부의 이슬람교가 50퍼센트, 나머지는 토착신앙이다. 부족이 250개가 넘는 다민족 국가인 나이지리아에서 가장 세력이 큰 부족은 이슬람을 믿는 북부의 하우사족, 기독교를 믿는 남서부의 요루바족과 남동부의 이보족이다.

나라 안에 500개가 넘는 언어가 있어선지 니이지리아 시람들은 언어 능력이 뛰어나다. 기본적으로 아버지 부족어, 어머니 부족어, 지역어, 공용어인 영어까지 네 가지 언어가 가능하고 다른 언어도 쉽게 배운다. 예술적 재능도 특출해 절대 음감과 리듬감은 타고나는 것 같다. 현지인의 공연을 보면 얼마나 창의적이고 재미있는지 모른다. 비록 지금은 불안정한 정세와 경제적 불평등, 종교 갈등으로 미래가 밝아 보이지 않지만 누가 알겠는가? 한국인의 급한 성격과 새로운 것을 좋아하는 특성이 인터넷 시대에 잘 들어맞은 것처럼, 나이지리아의 놀라운 언어 능력과 예술적 탁월함이 앞으로의 시대에 두각을 나타낼지…….

선교사로 이들과 함께하는 나는 나이지리아 사회에 깊이 절망하고 있는 사람들에게 어떻게 하나님의 위로를 나누고 다가갈지 고민하고 있다.

3장
더 큰 사랑을 선택하라

우리는 위대한 일들에 대해 말하지 않는다.
오히려 그 일들을 살아낸다.

키프리아누스

아프리카식
의사소통

운전면허 갱신을 위해 관공서에서 세 시간을 기다려 서류를 제출하고 빈속을 콜라로 달래고 있는데, 갑자기 병원에서 전화가 왔다.

"가도가 경비실에서 의식을 잃고 쓰러져 있어 중환자실로 옮겼습니다. 빨리 오세요."

경비원 가도는 어젯밤 경비 중에 의자 하나 들어갈 정도로 좁고 창문도 없는 방에서 잠들었다가 깨어나지 못했다고 한다. 추워서 피웠는지 발아래 진흙 화분에는 타다 남은 숯이 있었다. 일산화탄소 중독이었다. 할 수 있는 조치는 산소를 주고 의식이 돌아오길 기도하는 것뿐이었다.

다음 날 오후, 담당자가 급하게 찾아 중환자실로 뛰어가 보니 가도의 호흡이 나빠지고 있었다. 산소 공급량을 최대로 올리고 농료 선교사들을 불렀다.

"아무래도 오늘밤을 넘기기 힘들 것 같습니다. 가족을 불러 환자의 상태를 설명하고 마음의 준비를 할 수 있도록 도와주는 게 어떨까요?"

나는 슬픔 당할 가족들을 존중하고 위로하고 싶었다. 선교사들은 모두 동의했다. 그러나 이 말을 들은 현지인 병원장과 마취 간호사, 보안 책임자는 한목소리로 반대했다.

"안 됩니다. 무슨 일이 일어날지는 오직 하나님만 아십니다. 그러니 앞으로 일어날 일은 그냥 모른다고 하면 됩니다."

"너는 내일 2시에 죽는다, 이런 식으로 말할 수 있는 사람은 주술사밖에 없어요. 의사인 당신이 가도가 오늘밤 죽을 거라고 말하면, 가족들은 울고불고 난리를 칠 테고 대화가 산으로 갑니다. 이렇게 물을 거예요. '당신이 하나님이오? 혹시 악령이나 주술사가 당신한테 직접 말했소?'"

"제3자가 아닌 의사가 직접 그런 얘기를 하면 부정적으로 받아들입니다. 가족들은 의사가 무슨 잘못을 한 건 아닌지 의심하고 병원에서 환자를 포기했다고 우길 거예요."

보안 책임자가 얼른 말을 받았다.

"이렇게 모여 있는 것도 의심을 살 수 있어요. 빨리 해산하고 가족들을 잘 아는 내가 말할게요. '내가 환자를 보고 왔는데, 의사들이 노력하고 있으니 다 같이 기도하자.' 이러면 상황이 어려워지고 있다는 걸 가족들이 감지합니다."

선교사들은 다른 문으로 조용히 나가고, 대신 보안 책임자가 가도의 가족들을 만났다. 그날 밤 가도는 세상을 떠났다. 사흘 후, 장례가 있었고 가족들은 잘 돌봐줘서 감사하다는 인사를 전해왔다.

나는 이 일을 통해 아프리카식 의사소통을 배웠다. 구체적이기보다는 일반적으로, 직접적이기보다는 간접적으로 소통하는 것이 이곳의 방식이었다. 가족상 같은 안 좋은 일이 있을 때에도 "일이 있으니 한번 보면 좋겠다"는 정도로 알린다. 그러면 사람들이 눈치를 채고 주위 사람들에게 사정을 물어 찾아간다.

그동안 나에게 수술받으러 온 환자들에게 수술 후 합병증에 대해 자세히 설명하면 아주 힘들어했던 일이 생각났다. 그동안 눈치 없고 미련한 곰 같은 선교사가 친절하게 대한답시고 상처 준 현지인들이 얼마나 많았을까? 나는 반성했다.

그동안 이런 식의 의사소통에 당황한 적이 참 많았다. 우리 강아지가 갑자기 피를 흘리며 죽어가는데 수의사가 와서 주사 한 방을 놓더니 절대 죽지 않는다고 장담하고 돌아갔다. 그런데 강아지는 그날 죽었다. 자동차 수리공이 엔진오일에 문제가 있다고 확신해 새 오일로 갈았는데, 알고보니 연료 펌프가 고장나 있었다. 모르는 길을 행인에게 물어보면 자신 있게 가르쳐주는데 전혀 엉뚱한 곳이 나온다. 나이지리아 사람들이 "확실합니다"라고 말할 때는 "지금 내 생각에는 그렇습니다", 아니면 "그랬으면 좋겠습니다" 정도로 이해하는 것이 상처도 덜 받고 안전하다.

우리 아들들과 집에서 기르는 개 엘리의 협동작전으로 뒤뜰에서
큰 쥐를 잡았다. 나이지리아에서 식용으로 쓰는 어른 팔뚝만 한 쥐였
다. 그런데 이상하게도 엘리가 그 좋아하는 쥐를 뜰 한가운데 소중히
내려놓고 먹지 않았다. 다음 날, 현지인이 와서 보더니 날로는 못 먹
는다며 불에 구워 개에게 주었다.

　　얼마 후, 엘리가 또 큰 쥐를 잡았다. 아침에 문을 열어보니 큰 쥐를
고이 뉘어놓고 나를 간절히 바라보는 것이 빨리 구워달라는 눈빛이
었다. 불을 피우기 위해 쓰레기와 낙엽을 모았는데 너무 축축했다.
석유를 조금 뿌리고 불을 붙이는 순간 펑 하는 소리와 함께 나는 잠
시 화염에 휩싸였다.

　　구한말 의료 선교사로 온 닥터 셔우드 홀이 쓴 글이 있다. 그가 모
처럼 원산만에 휴가를 가서 배를 타다가 물에 빠질 뻔했던 적을 회
상한 글이다.

　　　그때 내 머리를 스쳐갔던 생각들을 말한다면 지금은 하나의 웃음거리
　　가 될 뿐이겠지만, 그 공포의 순간 스쳐간 생각 중에는 신문에 새겨진
　　커다란 제목이었다. "의료 선교사 뱃놀이 중 파도와 싸우다 익사", 선교
　　위원회에서는 이러한 제목보다는 "의료 선교사 질병, 미신과 싸우다 순
　　직"이라는 제목을 원할 게 아닌가?[6]

　　내 경우에는 "의료 선교사, 개에게 줄 쥐 굽다 사고사"가 될 뻔했
다. 결국 우리 개 엘리는 불쌍하게도 주인이 요리를 못해 현지인이

오는 다음날까지 기다려야 했다.

개는 아무거나 먹는 줄 알았는데 그 녀석도 자기만의 방식이 있었다. 하물며 의사소통 방식부터 이렇게 다른 나이지리아 사람들을 이해하려면 얼마나 더 오랜 시간이 필요할까?

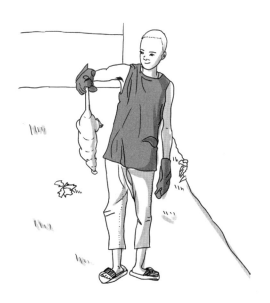

나쁜 사과와
나쁜 사과 통

함께 일하던 닥터 아딜이 휴가를 떠났다. 내가 빙햄병원의 유일한 외과 의사로 일한 지 열흘이 지나고 있었다. 그동안 외래, 수술, 레지던트 교육, 의과대학 강의, 그리고 당직도 섰다. 다행히 큰 사고는 없었다. 선교사들과 얘기를 나눌 때면 나는 아직 경험이 적은 의사니 부디 아프지 말라고 당부했다.

"대신 한국에서 많이 해본 치질수술은 잘하니까 그 일이라면 와도 좋습니다."

내 농담에 선교사들이 엄청 웃었다.

이곳은 오토바이가 주요 운송 수단이다. 작은 오토바이를 운전하는 아빠, 그 뒤에 아이 둘, 셋을 낀 엄마, 그리고 앞에는 큰 짐가방을 매달고 다니는 게 보통이다. 보호 헬멧은 당연히 없다. 그러다보니 사고가 나면 정형외과적으로 심한 부상을 입는다.

나이지리아에서 골절 치료는 독특하게 진행된다. 환자가 응급실로 오면 먼저 엑스레이를 찍고 부러진 뼈를 확인하는 것까지는 같다. 그런데 이후에 가족회의가 열린다.

"병원에서 치료할 것인가, 아니면 민간 치료사에게 갈 것인가."

때로는 마을의 결정을 기다리기도 한다. 교육은 개인의 책임이지만, 의료는 친지와 이웃이 함께 해결해야 하는 문제다. 회의가 길어지면 2-3일이 걸린다. 그동안 병원에서는 부러진 뼈를 건드려서는 안 된다. 민간 치료사들은 병원의 초기 치료가 민간 치료에 지장을 준다고 생각한다. 골절에 관한 한 민간 치료사의 영향력은 대단하다. 보통 환자의 절반 정도는 병원 치료를 포기하고 민간 치료사에게 간다. 그들은 구급차를 보내주는 서비스를 제공하기도 한다.

치료법으로는 약초, 부적, 나무 막대기, 뼈 맞추는 힘, 주술적 의미를 지닌 상처내기(scarification)가 동원된다. 자기 힘으로 낫지 않으면 더 능력 있는 민간 치료사에게 보내는 일종의 전원 시스템도 있다. 한 주(州)의 최고 민간 치료사는 대단히 권위 있고 존경을 받는다. 단순 골절은 그들의 방법으로 낫기도 한다. 그러나 심한 골절일 경우, 환자들이 치료 시기를 놓쳐 심각한 합병증을 안고 병원으로 되돌아온다.

젊은 아버지와 네 살 아들, 일곱 살 딸이 함께 교통사고를 당해 입원했다. 아버지와 아들은 오른쪽 정강이뼈가, 딸은 왼쪽 허벅지뼈가 부러졌다. 아버지의 다리는 땅에 끌려 근육이 너덜너덜 찢겨 있었다. 세 사람 모두 수술이 필요했다. 아버지는 두 아이의 병원 치료에 동의했다. 그러나 정작 상처가 가장 심한 자신은 민간요법을 받겠다고 우겼다. 병원 직원의 말로는, 병원비를 다 감당할 수 없어 아이들에게 좋은 치료를 양보하고 아버지가 싼 방법을 택했다고 했다.

마음이 아팠다. 도울 방법이 없을지 기도했다. 이 사연을 기도편지에 실었더니 누가회 선생님 한 분이 치료비를 보내주셨다.

아이들은 이미 수술을 마치고 회복 중이었다. 보호자인 엄마를 급히 불러 남편을 병원으로 데려오라고 전했다. 그날 오후, 응급실로 아이 아버지가 실려 왔다. 골절 수술을 위해서가 아니었다. 민간요법 치료 중에 생긴 심한 가슴 통증 때문이었다. 아버지는 다음 날 사망했다. 사인은 외상 감염으로 인한 패혈증으로 추정되었다. 다리 상처는 말도 못하게 부패해 있었다. 안타까운 마음에 가족과 대화를 하다가 새로운 사실을 알게 되었다. 치료비는 가해자가 부담하게 되어 있었다. 돈이 문제가 아니었던 것이다. 아버지는 민간요법 치료를 강력하게 원했다고 했다. 그러한 결정으로 자신은 생명을 잃었고, 남편 잃은 아내와 아버지 없는 아이들을 남겼다.

망고가 익어가는 4월과 5월이면 어린이 골절환자가 급증한다. 거리마다 망고와 함께 나무에 올망졸망 매달려 있는 아이들을 흔하게 본다. 그러다가 떨어지면 큰 부상을 입는다.

남자아이 탄코도 그중 하나였다. 병원에 온 탄코의 골절된 오른 손목에서는 심한 악취가 났다. 부러진 지 열흘이나 지나 있었다. 그동안 탄코의 아버지는 아이를 민간 치료사에게 맡겼다. 치료사는 지혈을 위해 손목 부위를 장시간 묶어놨다고 한다. 한눈에 봐도 이미 세 번째와 네 번째 손가락은 검게 죽어 있었다. 혹시나 하는 희망을 품고 들어간 수술실에서, 탄코의 손목 아래 모든 손가락과 손바닥이 돌이킬 수 없을 정도로 썩어 있는 것을 알았다. 처음부터 병원에 왔다면 단순한 석고붕대와 소독으로 쉽게 치료할 수 있었던 여섯 살짜리 아이의 오른손을 잘라낼 수밖에 없었다. 이 척박한 아프리카 땅에서 오른손 없이 살아가야 할 아이의 미래를 생각하면 한없이 먹먹해진다.

어린이가 골절로 병원에 오면 의사와 부모 간에 종종 실랑이가 벌어진다. 부모가 민간 치료를 계속 고집하면 의사는 경찰을 부르겠다고 맞선다.

"경찰이 허락하면 데려가도 좋습니다."

이 정도로 밀어붙이면 어지간한 부모는 수술에 동의한다. 거기에는 이유가 있다. 출동한 대가로 돈을 요구하는 경찰이 있기 때문이다.

응급환자가 수술실에 있다는 연락을 받고 가보니 수석 전공의 아메가 21세 청년 블루스의 부러진 왼쪽 정강이뼈를 소독하고 있었다.

"오토바이 사고가 났는데 민간 치료사에게 일주일간 치료를 받았답니다."

살펴보니 넓게 찢어진 근육 사이로 조각난 뼈들이 튀어나왔고 발등은 검게 변해 있었다. 이미 치료 시기는 놓쳐버렸다. 다리를 빨리 자르지 않으면 패혈증이 와서 목숨이 위험할 게 분명했다. 이런 경우 가족의 동의를 받아야 하는데 블루스는 혼자라고 했다.

"저는 치료비 내줄 사람도 없어요. 제발 살려주세요."

더 기다리면 위험하다고 판단한 닥터 아메는 외과 수간호사의 입회 아래 블루스에게 수술 동의를 받고 왼쪽 무릎 아래를 절단했다.

다음 날, 블루스의 아버지가 나타나 소동을 피우기 시작했다. 왜 가족의 허락 없이 아들의 다리를 잘랐냐고 소리를 질러댔다. 닥터 아메는 블루스가 직접 서명한 수술동의서를 보여주며 생명이 오갈 만큼 위급했던 상황을 설명했지만, 상대는 듣지도 않았다. 블루스에게 가서 어제 일을 아버지께 설명하라고 부탁했더니, 그는 배은망덕하게 우리의 뒤통수를 쳤다.

"난 아무것도 기억나지 않아요. 오늘 아침 일어나 보니 내 다리가 잘려 있었어요."

그 소리를 들은 블루스의 아버지는 더욱 난리를 피웠다.

"이건 범죄야. 치료비는 한 푼도 낼 수 없어. 내가 아는 경찰을 부르겠소."

병원 직원의 말로는 블루스의 아버지가 지난밤에 아들에게 와서 무조건 아무것도 기억나지 않는다 말하라고 시켰다고 한다.

닥터 아메가 경찰에 불려가 조사를 받았다. 마취과와 외과 수간호사는 물론 병원장도 경찰서에 다녀왔다. 환자 기록에 있는 내 이름을 보고 경찰이 나도 부르려 했지만, 병원장과 닥터 아메가 적극적으로 해명해 지나갔다고 한다. 수술은 닥터 아메가 했지만, 환자는 '닥터 리' 이름으로 입원해 있었다. 사건은 법원으로 넘어가고 재판이 진행되었다.

필립 짐바르도는 『루시퍼 이펙트』[7]에서 '어떻게 사과 통 속에 나쁜 사과가 생겼는가'를 설명하는 두 가지 주장을 제시한다. 원래부터 나쁜 사과가 들어가 스스로 썩은 것이라는 개인에게 초점을 두는 설명과, 사과 통이 나빠서 좋은 사과를 썩게 만든다는 시스템적 설명이 있다. 나쁜 사과 자체에 초점을 맞추면 같은 통의 다른 좋은 사과까지 썩게 하기 전에 빨리 제거해야 한다. 하지만 나쁜 통이 문제라면 통을 바꿔야 한다. 나이지리아의 가난과 무지와 애니미즘 세계관은 복합적으로 작용해 끔찍한 결과를 가져온다. 어떻게 하면 나이지리아 사회를 붙잡고 있는 나쁜 사과 통을 깨뜨릴 수 있을까?

블루스는 16명이 함께 치료받는 남자 외과 병동에 완전히 터를 잡았다. 수술 부위는 잘 나았는데 의족을 달지 않고 물리치료도 따르지 않아 무릎이 굳었다. 환자들을 보기 위해 병동에 들어갈 때마다 화난 얼굴로 누워 있는 블루스를 만났다. 그는 책임지라는 듯 굳은 무릎을 흔들며 나에게 시위했다. 도와주러 온 나라에서 의료소송에 연루될 줄은 꿈에도 몰랐다. 테러로 끔찍한 부상을 입고 들어오는 환자들의 치료보다, 안전에 대한 위협보다, 매일 병동에서 블루스를 만나는 것이 더 힘들었다.

블루스는 2년간 버티면서 우리를 괴롭혔다. 그는 종종 밤에 밖에 나가 술을 먹고 들어왔다. 결국 간호사와 다른 환자를 폭행하는 일까지 발생했고, 블루스는 병원에서 강제 퇴원 당했다. 재판은 흐지부지 끝나버렸다.

세계에서
가장 위험한
테러 집단

새로 선출된 대통령 취임식은 잘 마쳤다. 하지만 두 주 후, 수도 아부자 중앙경찰청과 마이두구리 식당에서 폭탄이 터졌다. 8월, 아부자 유엔 본부가 폭탄 공격을 받아 18명이 사망했다. 보코하람의 테러였다. 같은 날 조스에서도 복수전이 일어났다. 기독교 구역과 무슬림 구역에 바리케이드가 쳐지고 청년들이 사람들을 심문했다. 기독교 지역에서는 요한복음 3장 16절을 외워보라고 했고, 무슬림 지역에서는 무함마드의 어머니 이름 또는 이슬람 신조를 말해보라고 했다.

8월 말, 라마단이 끝나고 무슬림들이 살라(Sallah) 기념행사[8]를 병원 근처 모스크에서 가졌다. 그들은 칼과 몽둥이, 총으로 무장하고 모스크에 모였다. 이곳은 기독교 지역이었다. 동네 불량배들이 그들을 가만두지 않고 공격했다. 많은 사람들이 죽고 머리까지 잘렸다. 다시 도시 전체가 싸우기 시작했다.

병원 외과 외래는 수많은 외상 환자들로 붐볐다. 병원에 다친 무슬림 청년이 들어왔다는 소식을 듣고 크리스천 청년들이 응급실로 쳐들어와 그를 끌고 나갔다. 무슬림 청년은 병원 주차장에서 맞아 죽었다. 응급 수술을 하느라 아무것도 몰랐던 나는 뒤늦게 그 청년이 죽어간 주차장을 공허하게 바라볼 수밖에 없었다. 빙햄병원의 통계에 따르면 그날 사망자는 12명, 부상자는 86명이었다.

칼에 손가락이 잘려 나간 청년을 소독하다가 안타까운 마음에 한마디했다.

"다시는 싸움하러 가지 마세요."

그가 정색하며 말했다.

"당신이라면 가족이 죽어 나가는데 가만히 있을 거요?"

할 말이 없었다. 미안하다고 했다.

다시 조스시와 플라토주에 계엄령이 선포되고 통행금지가 반복되었다. 학교도 열었다 닫았다 했다. 군인들을 보는 것이 일상이 되었다.

9월 11일 저녁의 굉음은 시내 식당에서 터진 폭탄 소리였다. 12월 초에는 야외 스크린으로 축구 경기를 보러 모인 사람들 가운데서 폭탄이 터졌다. 크리스마스에는 아부자 로마가톨릭 성당 폭탄 테러로 40명이 죽었다. 조스에서도 누군가 교회에 폭탄을 던졌는데 다행히 밖에서 터져 사상자는 없었다. 정부에서는 테러의 주 운송 수단인 오토바이 운행을 금지시켰다. 카노에서는 30개의 폭탄이 동시에 터져 160명이 죽었다. 수많은 사람들이 남쪽과 조스로 피난을 왔다.

이듬해 2월, 조스에서 가장 큰 교회(COCIN 본부)에 자살폭탄 공격이 있었다. 우리 큰아들 산지의 단짝 친구가 있는 중학교 교장 선생님의 가족이 현장에 있었다. 수상한 차량의 움직임을 감지한 아버지가 소리를 질러 사람들이 도망했고 차는 주차장에서 폭발했다. 도시가 흔들리고 창문이 깨졌다. 교회에서 10분 거리인 우리 집에서도 굉음과 함께 유리창이 울렸다.

"무슨 소리예요?"

자다가 깜짝 놀라 거실로 나온 아들들이 물었다.

"천둥…… 소리?"

나는 아이들이 놀랄까 봐 애써 침착하게 말했다. 아이들은 자기 방으로 들어가며 중얼댔다.

"폭탄 소리네."

"형 말이 맞아."

다음 주, 또 다른 가톨릭 성당 예배 시간에 맞춰 두 사람이 폭탄을 실은 차로 돌진해 12명이 죽었다. 교회와 성당의 주일 예배 시간에 맞춘 자살 차량 폭탄 테러가 계속되자, 주일에는 모든 교회와 성당 주위 50미터 내 도로를 막고 이중 삼중으로 바리케이드를 쳤다. 그 앞에서 총을 든 군인과 함께 장로들이 금속탐지기를 들고 교인들의 얼굴과 짐을 일일이 확인했다. 그러자 테러범들은 폭탄을 교회 안 의자에 미리 숨겨놓았다가 터뜨렸다. 말 그대로 사람들은 목숨을 걸고 예배를 드렸다. 선교사들은 현지인 교회에 가지 않는 게 좋겠다는 권유를 받았다. 루터선교회에서는 두 선교사 가정을 본국으로 대피시켰다. 다른 단체들도 철수해야 하는지 고민했다.

부활절에 다시 오토바이를 이용한 음식점 폭탄 테러가 있었다. 5월, 조스에서 보코하람 조직원이 체포되었다. 그가 운영하던 공장에서 19개의 폭탄이 발견되었다. 그중에는 폭탄을 숨기기 위해 가운데에 구멍을 판 성경도 있었다.[9]

보코하람(Boko Haram)은 나이지리아에서 민간인을 상대로 잔인한 학살을 저지르는 이슬람 극단주의 테러 단체다. 보코하람은 '서양 교육을 금지하다'라는 뜻이다. 2002년, 나이지리아 북동부 지역에서 시작된 이 단체는 2009년부터는 이슬람 국가 건설을 위한 악질적인 테러와 본격적인 군사 활동을 개시해 수많은 사람들을 살해했다. 이들의 공격으로 어린이를 비롯한 300만 명 이상이 자기 마을을 떠나 내부 난민이 되어 고통받았다.

마을주민 학살과 자살폭탄 테러에 이어 그들은 더 끔찍한 일을 저질렀다. 2014년 4월, 나이지리아 북부의 소수 기독교 지역인 치복에서 300명에 가까운 여학생들을 납치하고 강제 개종시킨 것이다. 일주일 후, 그들은 인터넷 동영상으로 여학생들을 노예로 삼고 전리품으로 나눌 것이라고 공공연히 발표했다. 거침없이 드러나는 그들의 악행에 전 세계는 경악했다. 이 여학생들의 상당수가 아직도 돌아오지 못했다. 얼마 후에는 500가구 이상이 불에 타고 사람들이 죽었다.

현지 사람들은 무덤덤했다. 폭행과 살인에 너무 많이 노출되어 그런지 바로 옆에서 폭탄 테러가 일어나고 겨우 몇 시간 거리밖에 떨어지지 않은 곳에서 대규모의 여학생 납치가 벌어져도 조용하게 일상을 살아간다.

지난주에 들은 설교가 생각난다.

"요즘 사람들이 가장 잘하고 유행하는 것이 무엇인지 압니까? 페이스북 같은 소셜미디어에 해시태그(hashtag, #)하는 것입니다. #보코하람 #나이지리아여고생납치 #가자지구전쟁 #에볼라 #IS전쟁 #신형아이폰……. 변하는 핫이슈를 따라 모두 같은 옷으로 갈아입고 정보를 공유하고 이야기합니다. 그리고 다음 트렌드로 넘어갑니다. 이런 현대인의 삶 속에서 우리가 놓치고 있는 것은 무엇일까요?"

내게 한 환자가 왔다. 자신의 다리를 수술한 의사가 보코하람의 살해 위협을 받고 도망가는 바람에 후속 치료를 받지 못해 온 중년 여성이었다. 보코하람의 협박으로 더 이상 전문의 수련을 받을 수 없어 우리 병원으로 온 레지던트도 있었다. 나이지리아 북부 지방은 이제 사회 인프라가 무너져 병원에 가도 의사를 만나기 힘들었다.

병동 회진을 하는데 부러진 양 다리와 박살난 왼쪽 팔꿈치, 말 그대로 처참한 상태의 청년을 만났다. 겨우 열여덟 살이었다. 바로 앞 침대에는 그 청년보다 어린 동생이 뇌진탕으로 얼굴이 퉁퉁 부은 채 누워 있었다. 두 아이의 아버지는 양쪽 침대를 오가며 고통으로 울부짖는 자식들을 간호하느라 정신이 없었다. 보코하람의 공격을 피해 마을 사람들과 급히 피난하던 중 차가 전복되는 사고를 당한 가족이었다.

보코하람은 2009년 이래 최소 2만 명 이상을 살해했다. 2015년 11

월 글로벌 테러 지수(The Global Terrorism Index)를 통해 중동의 ISIS를 제치고 세계에서 가장 위험한 테러 집단으로 지목되었다. 나이지리아는 이라크와 아프가니스탄에 이어 세계에서 세 번째로 테러 활동이 심각한 나라가 되었다. 세계의 핍박받는 크리스천에 대한 보고서를 만드는 오픈도어선교회의 자료에 의하면, 2015년 한 해 동안 198개 교회가 파괴되었고 4,028명이 순교했다. 나이지리아는 세계에서 열두 번째로 크리스천 박해가 심한 나라다.[10]

어둠의 악함을 생각하면 이 세상은 너무도 끔찍하고 소망이 없어 보인다. 그러나 밤이 깊을수록 새벽이 다가오는 것을 믿는다. 부디 하나님께서 나이지리아에 심어두신 진실한 그리스도인들을 통해 그 시간이 단축되길 간절히 바란다. 빙햄병원 선교사로 온 나와 내 아내도 그 빛에 조금이라도 보탬이 되길 기도한다.

더 큰 사랑을
선택하라

아침 회진을 위해 남자 병동에 들어갔다. 손목에 수갑이 채워진 채 침대에 묶인 두 청년이 있었다. 다리 총상으로 들어온 아부와 모함이라는 무슬림 청년이었다. 그들은 환자복으로 갈아입지도 못했고, 내 놓은 다리에는 전날 소독하고 댄 거즈 사이로 피가 배어 나왔다. 그들 옆에는 보기에도 겁나는 큰 자동소총을 든 건장한 군인 둘이 무표정한 얼굴로 감시하고 있었다. 무슬림 청년들이 무기를 가지고 교회를 부수고 불 지르려는 것을 군인들이 총을 쏴서 잡아왔다고 했다.

처음에는 군인들도 무섭고 잡혀온 청년들도 무서웠다. 하지만 나는 담당 의사에게 이렇게 주의를 주었다.

"우리는 크리스천이고 이곳은 크리스천 병원이니까 비록 교회에 불을 내려다가 잡혀온 무슬림 환자라 하더라도 잘 대해줘야 합니다."

하루 이틀 날짜는 지나가는데 감시하는 군인들만 바뀔 뿐 치료는 진행되지 않았다. 가족들이 와서 치료비를 지불해야 진료가 시작되는데 아무도 나타나지 않았기 때문이다. 군대는 이런 경우를 대비해 예비비를 마련해두고 있는데 실제로 지급된 적은 없는 듯했다. 군인들은 두 청년에게 끼니를 조금씩 나눠 주고 있었다.

청년들의 눈빛은 말 그대로 초점이 없었다. 20대의 젊은 나이인데 멍하게 바라보는 그 눈을 나는 잊을 수 없다. 아무 희망이 없는 그런 눈이었다.

안타까운 마음이 들어 직원들을 설득해 치료를 진행시켰다. 먼저 내 돈을 들여 엑스레이를 찍고 상처를 확인했다. 아부는 총알이 근육만 관통해 소독만 하면 될 것 같아 먼저 퇴원시켰다. 하지만 모함은 총알에 정강이뼈가 심하게 부숴져 빨리 수술을 하고 물리치료를 시작하지 않으면 평생 장애인으로 살아가야 할 것 같았다.

수술비를 내가 대신 지불하겠다는 약속을 했다. 군인 관계자를 불러 수술 동의를 받고 간신히 수술을 시작했다. 마취 간호사가 나를 말리고 나섰다.

"닥터 리, 이런 사람 말고도 도울 사람이 많습니다."

내가 치료를 계속하자 그가 다시 한번 충고했다.

"조심하세요. 이러시면 군인들이 이 범죄자들과 닥터 리가 관계 있다고 의심해 당신을 데려가 조사할 수 있습니다."

수술을 마치고 목발을 사용해 걷도록 해야 하는데 군인들은 여전히 모함에게 수갑을 채워 침대에 눕혀 놓았다. 나는 병동에 갈 때마다 군인들을 설득해 모함의 수갑을 풀고 운동을 시켰다. 얼마의 시간이 지났다. 병원 직원들이 걱정하며 말했다.

"이렇게 오랫동안 가족이 아무도 오지 않는 게 수상합니다. 혹시 이 자의 친구들이 이슬람 무장단체라면 동료를 구하러 언제라도 총을 들고 병원에 쳐들어올 것입니다. 무조건 빨리 퇴원시켜야 합니다."

결국 거의 있을 수 없는 일이 일어났다. 병원에서는 환자에게 치료비를 나중에 지불해도 좋으니 퇴원부터 해달라고 부탁했다. 모함은 퇴원 환자가 되었다.

한 달 후, 모함이 병원 외래로 왔다. 다리는 절뚝였으나 얼굴 가득 미소를 띠고 있었다. 감사하게도 정강이 총상이 잘 나아 있었다.

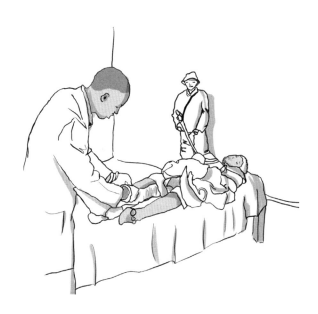

"이제는 뼈가 잘 아물기만 기다리면 됩니다."

"고맙습니다."

나를 쳐다보는 모함의 얼굴을 보니 참 잘생긴 청년이었다. 그 잘생긴 얼굴에 어울리는 멋진 눈빛도 돌아와 있었다.

한참 테러가 심하게 일어나 사람들이 계속 다치고 죽어갈 때, 한 나이지리아 목사님의 설교를 들은 적이 있다.

"지금은 보코하람에 의한 테러가 가장 큰 문제이고 우리를 두렵게 합니다. 하지만 우리에게 언제 문제가 없었던 적이 있습니까? 가난이 있었고, 식민지 통치가 있었고, 내전으로 많은 사람이 죽었고, 여러 군사정권 아래서 공포의 시대를 살았습니다. 그리고 민간정부에서는 너무도 많은 부정부패 문제가 일어났습니다. 지금은 단지 테러가 문제일 뿐입니다. 문제는 유효기간이 있는 상품과 같습니다. 언제인지 모르겠지만, 곧 주님이 그들의 기간을 끝내실 것입니다."

예수 그리스도는 그 시대의 가장 분명한 악의 세력인 로마제국에 맞서 싸우지 않으셨다. 당신의 백성들이 하나님을 제대로 알고 섬기게 하는 일을 사역의 중심으로 삼으셨다. 나는 이슬람과 기독교가 격렬하게 부딪치는 지역에 살고 있지만 시간이 갈수록 분명해지는 생각이 있다. 우리의 적은 이슬람이 아니라는 것이다. 오히려 교회에 다닌다고 하지만 하나님을 제대로 알지 못하고 섬기지도 않는 성도와 교회 지도자가 문제다. 사랑 없는 크리스천, 사랑이 사라져버린 교회가 잘못된 복음을 전파하고, 두려움을 증폭시키고, 사람들을 화해가 아닌 더 깊은 갈등으로 몰아간다.

소중히 키워온 자식이 학교에 가다가 총에 맞아 죽고, 부모가 예배를 드리다가 폭탄 테러로 죽고, 친한 친구가 길을 가다가 맞아 죽었는데도, 예수님은 사랑하라고 말씀하신다. 치안을 책임지는 군인과 경찰이 오히려 나쁜 짓을 하는데도 주님은 사랑하라고 말씀하신다. 참 어려운 일이다.

이슬람과 기독교에는 중요한 차이가 있다. 고난과 고통에 반응하는 방식이 다르다. 이슬람은 성전(聖戰)을 주장하며 폭력과 테러를 부추기는 논리를 내세우고 이를 지지하는 사람들이 있다. 그러나 기독교는 이해할 수 없는 박해와 고통을 당할 때, '더 큰 사랑을 선택해야' 한다. 그것이 우리 기독교의 진정한 무기이기 때문이다.

다행히 조스의 많은 크리스천들은 전쟁터 같은 일상 가운데서도 인내하며 핍박을 감당하고 있다. 하나님을 믿는 믿음이 평강으로 마음과 생각을 지켜주시길 기도한다.

내가 보낸 기도편지를 읽은 사람들은 묻는다. 이렇게 끔찍한 곳에서 어떻게 사느냐고. 다행히 우리가 사는 집은 병원 안에 있어 일반 마을보다는 안전한 편이다. 그외 것은 하나님 손에 맡기고 오늘의 평강과 기쁨을 누린다. 살아 있으면 의외로 즐거운 일이 많다.

보코하람의 테러가 가장 기승을 부리던 2014년 12월, 우리 집에서 기르던 개 엘리가 새끼 세 마리를 낳았다. 강아지들은 우리 아들들에게 말할 수 없는 큰 기쁨을 주었다. 나는 물이 새는 변기를 붙잡고 사흘간 씨름한 끝에 깨끗하게 고쳐냈다. 급성맹장염에 걸린 선교사 자녀를 무사히 수술했고 아이는 완쾌했다. 산지는 초등학교 크리스마스 연극에서 주연을 맡아 멋지게 공연했다. 크리스마스이브에는 동료 선교사들과 근처 난민촌에 가서 캐럴을 부르고 게임도 하고 선물도 나눠 주었다. 난민촌의 아이들과 청소년들이 정말 즐거워했다. 우리가 보여주는 지속적인 관심이 보코하람을 피해 고향을 떠나온 사람들에게 징서적인 위안이 되었다고 생각한다.

크리스마스 기분에 젖어 돌아오는 길에 비싼 아이스크림을 충동구매했다. 집에 오는 동안 녹아버린 아이스크림을 냉동실에 넣었지만 오락가락하는 전기 때문에 얼지 않아 매일 뚜껑을 열어 보기만 했다. 드디어 전기가 네 시간 연속으로 들어온 날, 아이들과 환호성을 지르며 달콤시원한 아이스크림을 먹을 수 있었다. 3주 만이었다.

당신은 왜
떠나지 않나요

"어제 가정의학과 닥터 술래가 개인병원을 차려 나갔대."

"지난달엔 이비인후과가 나가더니 이번에는 내시경 의사가 나가는구나."

"방광질루(VVF, Vesicovaginal Fistula) 수술 의사와 안과 의사는 다른 병원에 지원서 내고 기다리는 중이라는군."

"닥터 아딜과 닥터 트럭스턴도 곧 은퇴해 미국으로 돌아가지."

"선교사마저도 병원을 버리는 건가?"

"앞으로 우리 병원은 어떻게 될까?"

병원 분위기가 뒤숭숭했다. 의사들이 자꾸 떠난다. 두 터줏대감 선교사인 20년 차 닥터 아딜과 40년 차 닥터 트럭스턴이 일 년 뒤에 떠나면 나 혼자만 꿔다놓은 보릿자루처럼 남게 생겼다.

빙헴병원은 미국인 선교사 닥터 그랜트에 의해 1959년, 나이지리아의 중심부 조스에 세워졌다. 원래 이름은 이반젤병원(Evangel Hospital)인데, 현지인들은 장콰노(Jankwano)라 부르는 걸 좋아했다. '장콰노'는 하우사어로 '빨간 지붕'이란 뜻이다. 병원 지붕이 빨간 양철로 되어 있기 때문이다. '빨간 지붕 병원'은 실력 있는 선교사들과 함께 사랑으로 치료하는 병원으로 소문나 북부 나이지리아 전역에서 환자들이 찾아왔다.

한때 이 병원이 세계적으로 유명세를 탄 적이 있었다. 1969년, 나이지리아 라사 마을에 원인 모를 출혈열이 돌았고, 그 환자들을 돌보던 빙햄병원의 간호 선교사 두 명이 연달아 죽었다. 세 번째로 감염되었던 간호 선교사 페니피뇨는 극적으로 미국으로 이송되었다. 다행히 예일대학의 연구자들이 세계 최초로 원인 바이러스를 발견하고 치료제를 개발했다. 라사 바이러스로 불리는 이 바이러스는 유행성 출혈열을 일으키는 한국의 한탄 바이러스와 비슷한 종류로 치사율이 20퍼센트까지 보고되는 무서운 전염병이다.

이반젤병원은 아프리카의 불안한 정세에 휘둘렸다. 나이지리아에 군사정권이 들어선 1975년, 병원은 정부에 귀속되었다가 3년 후 ECWA(Evangelical Church Winning All)로 이양되었다. 초기 서양 선교사들이 세운 신학교 출신의 현지 목회자들로 구성된 ECWA는 120년이 지난 오늘날 전 세계 6천여 개의 교회와 천만 명의 성도가 소속된 나이지리아 최대 복음주의 교단이 되었다.

내가 도착했던 2010년, 150병상의 병원에는 의사 20명을 포함한 직원 400명에 선교사 4명이 있었다. 얼마 후, ECWA는 이반젤병원을 교단 산하 빙햄대학으로 넘기고 빙햄의과대학 교육병원으로 이름을 바꾸었다.

의사들이 자꾸 병원을 나가는 이유는 여기에 있었다. 교육병원 인가를 받기 위해 여러 시설과 인력을 무리하게 확장하다보니 직원 월급도 못 주는 형편이 되고 말았다. 특히 선교병원을 이해하지 못하는 새로 온 의료진이 곳곳에서 불협화음을 만들며 진료의 수준을 떨어뜨렸다. 선교사들과 몇몇 현지 의사들이 속도를 늦추고 현실성 있는 계획을 다시 세우자고 주장했지만 반영되지 않았다. 선교병원이었을 때 의사들은 월급이 적어도 보람으로 일했는데, 이제는 그 자부심마저 없어졌다며 떠났다.

선교사들과 직원들의 의견은 둘로 나뉘었다.

"그동안 선교사들이 할 만큼 했으니 이제 모두 철수하고 나이지리아인이 전적으로 책임지고 운영해야 합니다."

"아직 이 나라는 가난하고 불안합니다. 선진국에서도 어려운 자립 선교병원을 알아서 하라는 것은 무리한 요구입니다. 선교사들이 더 많이 들어와 요직을 맡고 다시 병원을 이끌어야 합니다."

"요즘 선교사 지원도 줄었고, 언젠가 철수 시점이 오면 또 같은 문제가 반복될 것입니다."

선교사가 모두 철수하는 것도, 더 많이 들어와 다시 운영을 맡는 것도 해결책은 아닌 것 같았다. 솔직히 어떤 방법이 옳은지 판단하기 어렵다. 의사들이 현지 정부 병원으로 가면 빙햄병원에 있을 때보다 두세 배가 넘는 월급을 받는데 신앙을 이유로 희생을 강요할 수는 없었다. 가난한 사람들을 돕고 싶어 갖가지 장애를 넘어 이곳까지 왔는데, 난데없는 의사들의 철수 러시에 나는 당황했다. 답답한 마음에 혼자 조용히 기도하다가 문득 이런 생각이 들었다.

'망해가는 것이 하나님의 뜻일 수도 있지 않을까? 그렇다고 하나님의 인도하심을 받고 온 나도 떠나야 할까? 꼭 그럴 건 없지. 이런 병원에도 필요한 선교사 역할이 있을 테니까.'

병원에 의사가 턱없이 부족하다보니 그만큼 많은 일이 나에게 넘어왔다. 가정의학과 닥터 기다도와 닥터 아딜이 떠난 후에는 내가 유일한 외과 의사가 되었다. 환자가 밀려오면 별수없이 전문 분야가 아닌 영역까지 감당해야 했다. 부러진 뼈를 맞춰 철심과 나사를 박고, 화상 입은 환자의 피부성형과 피부이식도 하고, 머리에 구멍을 뚫어 피도 뽑고, 방광을 열고 비대해진 전립선을 손가락으로 제거하기도 했다.

닥터 아딜이 미국으로 돌아가기 전에 내게 충고했다.

"당신도 다른 곳으로 가는 것을 생각해보는 게 좋을 것 같습니다."

나는 이렇게 대답했다.

"그래도 여기가 다른 선교병원보다는 사정이 낫습니다. 건물이 화려한 다른 곳의 선교병원이 좋아 보여도 내부 사정은 도토리 키재기입니다. 운영은 둘째치고 단 한 명의 후임도 찾지 못해 애타는 것이 현실이지요. 그런데 빙햄병원은 이렇게 썰물처럼 의사들이 나가도 아직 일할 의료진이 남아 있으니 얼마나 대단합니까? 혹시 누가 알겠어요, 빙햄병원이 새로운 선교모델이 될지?"

닥터 아딜은 허허 웃었다.

"닥터 리, 당신은 참 긍정적이네요."

다들 떠나는 때에 불러주신 하나님의 뜻을 나는 믿는다. 아프리카 땅에 선교병원을 세우고 지금까지 이끌어온 선배 선교사들의 바통을 이어받아 묵묵히 앞을 향해 뛸 뿐이다. 하지만 달라진 트랙의 방향은 주시하고 있다. 내가 마지막 주자라고는 생각하지 않는다. 주님이 정해주신 곳까지 가면 그곳에서 누군가가 기다리고 있을 것이다. 그러면 나는 무사히 바통을 넘겨줄 것이다.

우리 가정이 나이지리아에 와서 첫 2년을 지내고 계속 남기로 결정하자 병원장인 닥터 댕키아우가 말했다.

"다들 움직일 때 자리를 지켜주어 고맙습니다. 나도 떠나야 하나 고민할 때, 당신은 내가 병원에 남을 이유가 되어주었습니다."

닥터 댕키아우는 가정의학과 의사로 니제르의 선교병원(Galmi Hospital)에서 선교사로도 사역한 지혜롭고 통찰력 있는 리더십의 소유자다. 하나님은 그를 이곳에 남겨두어 흔들리는 병원의 과도기를 넘기게 하셨다. 닥터 댕키아우는 현재 빙햄의과대학의 학장이 되었다.

두 달란트

빙햄병원은 여느 아프리카 병원들과 비슷하게 장비 고장, 만성적인 물자 부족, 전기와 물 같은 가장 기초적인 자원의 수급 불안 등에 시달린다. 해결할 수 없으면 버텨야 한다. 병원 직원들의 월급이 두어 달 치 밀리면 최대한 절약하며 살아야 한다. 마지막 물리치료사가 나가버려 치료실이 닫히면 의사는 물리치료사 없이 환자를 위해 할 수 있는 다른 치료 방법을 찾아야 한다.

선교병원에서 의과대학병원으로 바뀌면서 새로 들어온 외부 교수들이 있는데, 일하는 방식과 기대하는 바가 달라 갈등이 생기기도 한다. 병원 경영진의 결정을 이해할 수 없을 때도 있다. 그래도 우리는 두 주에 한 번 함께 모여 성경공부를 하고 병원과 교단을 위해 기도한다. 눈에 보이는 기도응답은 희미하다. 그래도 이 과정을 신실하게 통과하면 정말 준비된 크리스천 의사들이 나올 수 있지 않을까?

가끔은 거대한 현실의 벽 앞에 무력하게 서 있는 나 자신을 발견한다. 의사들이 병원을 떠나는 와중에 미국의 산부인과 의사 닥터 쉐퍼드가 아내와 어린 아들 셋을 데리고 빙행병원으로 왔다. 나이도 서른 살밖에 안 된 젊은 의사였다. 우리는 종종 이런 말을 나누었다.

　"병원이 어디로 가는 건지 모르겠어요. 우리에게 답이 없다는 것은 분명해요. 단지 버티는 거지요. 그거 하라고 하나님께서 부르셨나 봐요. 병원은 문을 닫을 수도 있고 성공할 수도 있겠지요. 어느 쪽으로든 하나님의 뜻이 이루어지겠지요."

　예수님의 비유 중에 달란트 이야기가 있다. 나는 주님의 종으로서 다섯 달란트까지는 아니고 두 달란트 정도를 받은 것 같다. 갖지 못한 세 달란트에 대한 미련은 없다. 내게 주어진 두 달란트로 어떻게든 이윤을 만들어내고 싶다. 나의 달란트는 현지의 젊은 레지던트 교육과 병원 경영을 보조하는 것이다. 비록 경영 조언이 계란으로 바위 치기라 할지라도 흔적은 남을 것이다. 병원의 미래가 불투명해 당장 다음 달 혹은 다음 해에 레지던트 교육이 없어질 수도 있지만, 오늘 나는 책을 펴 그들에게 의학 지식과 기술을 가르친다.

　"그래도 우리 병원은 아프리카에서 젊은 크리스천 의사들을 훈련시키는 데는 정말 좋은 병원이야. 그렇지요?"

　함께 회진을 돌던 레지던트들이 내 말에 크게 웃어주었다. 긍정의 의미였다.

　아내 손은영 선교사에게는 다른 달란트가 있다. 아내는 SIM 나이지리아 본부의 트래블 코디네이터(Travel Coordiantor)로 행정 사역을 시작했다. 이민국 담당자와 함께 백여 명의 선교사 출입국 비자와 체류 허가, 공항을 오고가는 교통 편의를 돕는 일이다. 갈수록 까다로워지는 이민국 규정에 따라 서류를 준비하고 전달하고 확인하느라 하루에도 수십 통의 메일과 서류가 오간다.

선교사로 부임해보니 멘토링과 평가 시스템이 인상적이었다. 초임 선교사에게 경험 많은 선교사가 개인 멘토링을 해주는 제도는 정착과 사역에 큰 도움이 된다. 평가서는 건강, 관계, 사역, 영성 생활 등으로 항목이 나뉘고, 본인과 상관, 멘토의 의견이 종합적으로 들어가 필드, 본국, 국제본부에 각각 매년 제출된다. 필요시 객관적인 지지를 받을 수 있다. 이런 일들을 담당하는 것이 본부의 행정 사역이다. 선교사와 오고가는 사람들을 뒤에서 섬기며 갈등을 조정하고 온갖 궂은일을 다한다. 그만큼 불평과 불만도 많이 듣는다. 쉬운 일이 아니다. 오죽하면 선교사 다섯 명이 의견 조율을 위해 만났는데, 일곱 가지 안이 나오며 회의를 마쳤다는 우스갯소리도 있다. 그래서 가장 경험 많고 노련한 선교사들이 본부 행정을 맡는다. 동료 선교사와 후방을 섬기는 이들이 진짜 숨은 영웅이다.

손은영 선교사는 본부 행정 업무에 밝고 영어가 능숙해 나이 지긋한 선교사들이 좋아했다. 아내는 요리를 잘한다. 아무리 병원 일이 힘들어도 집에 돌아와 아내가 만든 된장찌개와 김치를 먹으면 영혼까지 치유된다. 우리 두 사람은 각자 받은 달란트로 열심히 '장사'를 했다. 착하고 충성된 종이 되길 기도하면서……

4장
하나님과
논쟁할 수 없습니다

하나님이 모든 것을 지으시되 때를 따라 아름답게 하셨고
또 사람에게 영원을 사모하는 마음을 주셨느니라.
그러나 하나님의 하시는 일의 시종을 사람으로
측량할 수 없게 하셨도다.

전도서 3장 11절

자신 없는
수술들

밤 9시. 레지던트들과 성경공부를 마치고 다과를 나누는데 당직 의
사가 찾아왔다.

"조금 전 교통사고로 오른손에 큰 상처를 입은 남자가 와서 지혈
하고 소독은 했는데 맥박을 찾을 수 없어요."

바로 병원에 가보니 건장한 38세 군인이 오른 팔꿈치 접히는 부위
에 피가 스민 붕대를 감고 누워 있었다. 과연 손목에서 맥박을 느낄
수 없었고, 손가락도 잘 움직이지 못했다. 순간 죽어가는 손을 보며
슬퍼하던 로즈라는 젊은 여성이 떠올랐다.

로즈 역시 교통사고로 오른손 상완 부위가 심하게 찢어진 채 병원
으로 왔었다. 중요한 혈관이 끊겨나간 것은 분명한데 손목에 맥박이
있었다. 나는 고민하다가 혈관 수술 없이 골절 부위를 안정시키는 수
술(External fixation)을 했다. 안타깝게도 상처는 악화되었다. 결국 일주

일 후 오른손을 절단했다. 그 후로 나는 시간이 지나도 로즈를 떠올리면서 수없이 자책하고 괴로워했다.

'처음에 혈관을 수술하지 않은 것이 옳은 결정이었을까? 여건상 실패할 확률이 높아도 시도는 해봐야 하지 않았을까?'

지금 부상으로 누워 있는 군인을 보니 빨리 혈관을 연결해 피가 흐르게 하지 않으면 손을 절단할 확률이 40퍼센트가 넘는 응급상황이었다. 또다시 자책할 일은 없어야 했다.

우선 군인에게 수혈하고 수술 동의를 받는 동안, 나는 쥐가 돌아다니는 창고를 뒤져 해묵은 혈관 수술 기구들을 찾았다. 수술은 자정이 지나서야 시작되었다.

심하게 찢겨 있는 근육 사이로 정중신경과 상완두갈래근이 완전히 잘려 있었고, 요골동맥과 척골동맥이 상당한 거리를 두고 절단되어 있었다. 아무리 애써도 두 동맥을 안전하게 이을 방법이 없었다. 결국 척골동맥을 포기하고 근위부를 3센티미터 정도 잘라 요골동맥 연결에 사용했다. 고맙게도 맥박이 서서히 회복되었다. 그때가 새벽 4시였다.

이 수술은 레지던트 때 몇 번 집도의 조수로 참여한 경험이 전부인 데다 장비가 없어 맨눈으로 혈관을 잇느라 애쓰고 있는데, 산부인과 닥터 쉐퍼드가 급히 뛰어왔다.

"지금 쌍둥이 분만 중인데 첫째 아기가 산도에 걸렸어요. 바로 제왕절개를 하지 않으면 두 아기와 산모의 목숨이 위험해요. 보조할 간호사가 필요합니다."

수술실은 두 군데인데 수술실 간호사가 한 명뿐이었다. 나를 돕던 간호사를 닥터 쉐퍼드에게 보내고 혼자 신경 연결 수술을 계속했다. 신경에 이어 인대 접합으로 넘어갈 때, 두 여자아기의 울음소리가 우렁차게 들려왔다. 새 생명의 탄생을 알리는 달콤한 멜로디였다. 새벽 5시 30분이었다. 다섯 시간에 걸친 수술로 건장한 군인의 오른손 하나를 살린 나와, 30분 만에 산모와 아기 두 명을 살려낸 닥터 쉐퍼드가 함께 웃음 지었다.

수술하기 전, 이제 손을 자르는 거냐고 무서워하며 기도해달라던 무슬림 군인 아저씨는 잘 회복되어 퇴원했다.

나와 닥터 쉐퍼드는 우마루를 수술하기로 했다. 그는 간성(Inter-sex)으로 태어난 풀라니족 청년이다. 2만 명 중 하나 비율로 태어나는 간성은 남성과 여성의 생식기를 모두 갖고 있다든지, 생식기는 남성인데 유전자는 여성이라든지, 반대로 몸은 여성인데 유전자는 남성인 경우다. 선진국에서는 보통 어릴 때 한쪽 성을 택해 수술을 한다. 그러나 치료 기회가 없는 아프리카에서는 그대로 자라 사춘기 때 심한 정체성 혼란을 겪게 된다. 스스로 삶을 포기하는 경우도 많다.

우마루는 가난한 시골 마을에서 양쪽 생식기를 모두 가지고 태어났다. 어릴 때부터 자신이 남자인 줄 알고 살았는데 사춘기를 지나면서 가슴이 점점 커졌다. 주위 사람들의 시선에 괴로워하는 우마루를 현지 목사님이 전도해 신앙인이 되었다. 그는 선교사의 후원으로 빙햄병원에 내원했다.

우마루는 우측 나팔관은 없었고, 작은 음낭에 우측 고환만 있었다. 산부인과 의사 쉐퍼드는 생식기 성형, 좌측 난소, 나팔관, 자궁을 절제했다. 나는 유방성형술을 했다. 가장 어려운 부분은 유두를 살리는 것이었다. 유방 대부분을 절제하고 유두만 잘라 새로운 자리에 이식하는 수술이다. 유방절제는 알지만 유두이식은 해본 적이 없었다. 성형외과 김준규 교수님이 보내준 동영상과 설명을 숙지하고, 카톡으로 실시간 조언을 받으며 수술을 마쳤다. 다섯 시간이 걸렸다.

이곳에서는 자신 없는 수술도 해야 할 때가 있다. 이럴 때면 과연 내가 수술해야 하는지 갈등이 생긴다. 은사인 정구용 교수님은 고민을 듣고 이렇게 조언하셨다.

"나은 치료를 위해 환자를 이송할 수 있다면 옮겨야지요. 그러나 대안이 없다면 시도하는 것이 옳습니다. 실패하더라도 그렇게 배운 경험이 다음 환자에게 도움이 됩니다."

우마루의 수술은 잘 되었다. 유두는 좋은 위치에서 살아 합병증 없이 아물었다. 퇴원하던 날, 우마루를 돌보던 목사님이 오셨다. 우마루가 이렇게 밝게 웃는 것을 본 적이 없다며 감격하셨다.

"그냥 두었으면 죽었을 생명인데 두 분이 살려주신 겁니다."

무슬림 가정에서 홀로 크리스천인 우마루를 통해 그 집안과 마을에 복음이 들어가길 기도했다.

하나님과
논쟁할 수 없습니다

'아, 역시 암이구나.'

　느와코는 식사를 못해 입원한 38세 남자다. 지난 3개월간 물 이외에는 다 토해 거의 먹은 것이 없었다. 광대뼈가 툭 불거진 얼굴과 비쩍 야윈 몸이 그동안 그가 얼마나 고통스러웠는지 말해주고 있었다. 몇 가지 검사 후, 위출구폐쇄증으로 개복 수술을 하게 되었다. 몸에 칼을 대기 전에 암이 아니길 기도했는데 육안상 분명한 위암이었다.

　수술 전 CT 검사를 하면 도움이 되겠지만, 전체 치료비의 반을 차지할 정도로 비싼 비용 때문에 모든 환자에게 요구하지는 않는다. 이전에 CT 검사로 전이가 없는 결장암을 확인한 45세 남자가 있었다. 수술 날짜를 잡으려 하자 그는 CT 검사에 돈을 다 썼다며 수술을 미루었다. 6개월 후 그가 다시 병원에 왔다. 결장을 자르려고 수술실에 들어갔는데 복강 내로 이미 암이 다 퍼져 있었다. S결장을 절제했다. 완치를 위해서가 아니라 고통을 줄이기 위한 완화치료였다. 다시는 비싼 검사 때문에 수술을 미루게 하지 말자고 다짐했었다.

다음 판단은 위절제술이 가능한가의 여부다. 이곳에는 암 조기 진단이 없다. 병원에 오는 환자들은 이미 손쓸 수 없이 암이 진행되어 개복을 하더라도 조직검사 또는 우회술을 하는 정도가 일반적이다. 그런데 손으로 느와코의 위를 들어보니 잘 들렸다(암이 장기 사이로 퍼지면 보통은 서로 들러붙는다). 이것은 진행된 암이지만 위절제술이 가능하다는 뜻이다. 순간 오히려 당황했다.

'위절제술을 해야 하는데 어떡하지?'

이제 외과 의사가 멋지게 수술만 하면 되겠구나 생각하기 쉽지만, 현실은 그렇지 않다. 우선 나는 위암 수술 전문의사가 아니다. 머슬 메모리(muscle memory)라는 말이 있다. 수술이란 수년간 매일 과정을 반복하고 정진해 의사의 근육이 수술을 기억하고 감각할 정도로 녹아들어야 제대로 할 수 있는 것이다. 나는 이곳에 와서 별별 수술을 다 맡다보니 위암 수술 한 분야에 깊이 파고들 기회가 없었다. 게다가 병원의 수술기구들이 워낙 오래되어 이가 다 빠졌고, 혈관이나 조직을 붙드는 기구들도 부실해 수술 중 언제 미끄러져 위험한 출혈을 일으킬지 모른다. 수술실 조수로는 위절제술을 본 적도 없는 레지던트가 들어온다. 수술을 하면서 일일이 어디를 잡고 어디를 잘라야 하는지 가르쳐야 한다. 마지막으로 전기 문제가 있다. 수술 중 전기가 나가면 수술등이 꺼지고 전기소작기나 흡입기가 작동하지 않는다. 다행히 이번에는 6개월 전에 설치한 태양열 시스템 덕에 그 걱정은 하지 않아도 되었다. 몇 번의 아슬아슬한 순간이 있었지만 큰 출혈 없이 위 절제를 하고 소장을 이을 수 있었다.

네 시간의 수술을 하는 동안, 여러 의사와 학생들이 빙 둘러서서 참관하며 질문을 쏟아냈다. 이제 마무리를 확인하고 배를 닫으면 되었다. 그런데 갑자기 마취 간호사가 환자의 혈압이 잡히지 않는다고 소리치면서 심폐소생술에 들어갔다. 모니터에서 날카로운 비상 경고음이 울렸다. 환자의 심장이 멈추었다. 레지던트가 신장마사지를 하는 동안 나는 열린 복부로 튀어나오는 장을 붙들고 기도했다.

'주님, 이렇게 아까운 생명 하나가 꺼지는 건가요? 그만해야 하나요? …… 침착하자. 침착하자.'

그렇게 마음을 가다듬으며 생각해보니 혈압 상승제 도파민을 주지 않았다는 것이 떠올랐다. 잘 사용하지 않는 약이어서 효과를 반신반의하는 간호사를 재촉했다. 10분쯤 지났을까? 환자의 손목에서 희미한 맥박이 느껴졌다. 수축혈압이 90mmHg 정도로 돌아왔다.

'수술대에서 죽지는 않겠구나.'

환자는 중환자실로 옮겨졌다. 하우사어로 중환자실은 "고베 다 니사(Gobe da nisa)"라고 부른다. 번역하면 '내일이 멀다'라는 뜻이다. 들어가면 살아나오는 일이 거의 없기 때문이다. 놀랍게도 느와코는 사흘에 걸쳐 서서히 회복되었다. 혈압 상승제도 끊고 미음으로 식사도 했다. 수술 중 천국에 갔다왔으니 하나님이 무슨 말씀을 하셨는지 얘기해보라고 농담을 했다. 느와코는 말했다.

"죽음의 영이 다가오는 것을 봤어요. 나는 하나님의 사람인데 너희가 무엇을 하려느냐고 소리 질렀더니 물러갔어요."

지난 몇 년 동안 심폐소생술을 하고 중환자실까지 갔다가 살아난 첫 번째 환자라고 간호사들은 축하해주었다. 열악한 의료 환경에서 환자가 이렇게 살아날 수 있다는 것을 나도 처음 경험했다. 생명의 신비 앞에서 겸손할 수밖에 없다. 의사에게는 환자가 가장 좋은 스승이다.

닥터 갈라디마가 간밤에 중환자실에 입원했다. 열흘 전 교통사고로 수도 아부자의 병원에서 치료받던 그녀는 상태가 악화되어 위험한 밤길을 다섯 시간이나 달려 우리 병원으로 온 것이다. 닥터 갈라디마는 이제 막 인턴을 마친 젊은 여자 의사다. 쾌활한 성격에 체력이 좋고 배짱이 두둑해 함께 일하는 직원들의 사랑을 받았다. 배우고자 하는 열의도 대단해 일 년 수련 기간 동안 제왕절개 수술을 스물다섯 번이나 하는 기록을 세우기도 했다.

당직 의사가 밤새 열심히 치료한 덕에 소변은 나오기 시작했지만 호흡곤란과 고열, 불러 있는 배는 그대로였다. 이런 경우 CT 검사를 해야 한다. 하지만 조스에 단 하나 있는 기계가 고장나 차선책으로 초음파를 이용해 복수를 뽑았다. 농양을 확인하고는 응급수술에 들어갔다. 뱃속에는 시간 지난 소장 천공으로 많은 고름과 유착, 염증이 있었다. 천공 부위를 봉합하고 뱃속을 여러 번 씻어낸 후 수술을 마쳤다. 복막염이 상당히 진전되어 회복이 걱정되었다.

다음 날 아침, 닥터 갈라디마는 열도 내리고 소변도 나오고 호흡도 좋아졌다.

"닥터 리, 수술해줘서 고마워요. 열흘 간 굶었더니 배가 많이 고프네요."

갈라디마가 나를 보고 환하게 웃는 모습이 정말 보기 좋았다.

'또 한 명의 어려운 환자를 살렸구나.'

뿌듯한 마음으로 외래로 돌아가 환자를 보고 있는데, 갑자기 닥터 길라디마가 의식을 잃어 심폐소생술 중이라는 연락을 받았다. 의심되는 진단은 폐색전증이었다. 한 시간의 소생 노력에도 불구하고 그녀는 결국 운명을 달리했다. 가족과 동료 의사들은 많이 울었다.

한 사람을 살렸다는 나의 자존심은 한 시간 만에 곤두박질쳤다. 죄책감이 밀려왔다.

'더 빨리 치료했더라면…… 수술을 더 깔끔하게 했더라면…… 심폐소생술을 더 했더라면…….'

닥터 갈라디마의 마지막 호흡이 떠나는 순간, 몇 년 전에 남편을 잃고 딸마저 보내는 어머니의 애끓는 기도가 들려왔다.

"우리는 어떤 상황에서도 하나님과 논쟁할 수 없습니다. 우리는 우리의 할 일을 했고 하나님은 당신의 일을 하십니다. 하나님의 뜻이 이루어짐을 믿습니다."

그것은 바로 내가 드려야 할 기도였다. 침울한 마음으로 집에 돌아왔다. 오늘 밤 자고 내일 아침에 일어났을 때 다시 병원에 가서 일할 용기가 생기길 기도했다.

마음을 쉬는
공간

울어대는 아홉 살짜리 베키를 달래며 손가락 소독을 겨우 마쳤다. 베키는 호주 선교사의 딸인데, 어제 배분(Baboon)이라는 큰 원숭이에게 오른쪽 검지를 물렸다. 5센티 정도 찢어진 상처가 났지만 뼈나 인대 손상은 없었다. 손가락이 잘려 나가지 않은 게 다행이었다. 광견병 예방주사 접종을 위해 베키가 나간 사이, 30분 전에 온 문자를 확인했다. 친구 선교사인 바요가 많이 아파 병원으로 오고 있다고 했다. 바요는 고아원과 병원 사역을 하는 나이지리아 현지 선교사다.

응급실로 뛰어가 보니 바요는 의식 없이 누워 있었다. 옆에는 아내 메리가 어쩔 줄 모르고 서 있었다. 증상은 뇌성 말라리아나 뇌막염일 가능성이 높았다. 혈압과 맥박을 확인하고 수액을 놓았다. 뇌척수 검사를 위해 30미터 정도 떨어진 방까지 가는 길에 바요는 입에 거품을 물고 전신 발작을 일으켰다. 부서진 시멘트 바닥에 침상이 흔들려 뇌에 자극이 되었나보다. 기도를 확보하고 서둘러 검사실로 옮겼다. 한시가 급한데 훈련이 부족한 레지던트는 여러 번 뇌척수 검사에 실패했다. 숙련된 마취 간호사를 불러 겨우 검사를 마쳤다.

중환자실에서 항생제와 약물치료를 시작했다. 발작은 멈추었다. 그때까지 경과로는 말라리아가 아니라 사망률이 높은 뇌염인 듯했다. 검사 결과를 기다리며 약물이 잘 듣기를 기도하는 수밖에 없었다.

잠시 집에 돌아와 늦은 점심 식사를 하는데 메리가 급히 찾아왔다.

"남편의 상태가 나빠졌어요. 아무도 닥터 리를 부르지 않아 제가 직접 뛰어왔어요."

바로 가서 확인하니 바요는 호흡곤란이 심했다. 산소를 최고치로 올려도 산소포화도가 88퍼센트밖에 되지 않았다(정상은 95퍼센트가 넘어야 한다). 마스크를 씌워야 하는데 산소 연결 커넥터가 망가져 있었다. 임기응변으로 반창고를 덕지덕지 붙여 공기가 새는 곳을 막았다. 산소포화도가 91퍼센트까지 올라갔지만, 여전히 호흡 횟수가 잦고 아주 힘들게 숨을 쉬었다. 이대로라면 호흡부전이 와서 밤을 넘기기 힘들 것 같았다. 메리에게 보험회사로 연락해 응급구조 비행기를 부르라고 했다.

새벽 1시, 집으로 돌아왔다. 거실에 침낭을 펴고 전화기를 옆에 둔 채 잠을 청했다. 언제고 연락이 오면 달려나가야 했다. 나와 바요를 위해 기도했다.

"하나님, 잠깐이라도 잠을 자야 환자를 돌볼 수 있으니 그동안 바요의 호흡을 붙들어주세요."

문득 눈을 떠보니 아침 6시였다.

'말도 안 돼. 지금까지 연락이 없었다니. 뭔가 잘못된 거야.'

나는 놀라 병원으로 달려갔다. 침대 위에는 바요가 미동도 없이 누워 있었다. 가슴이 덜컥 내려앉았다.

'죽었구나!'

아니었다. 바요는 의식은 없었지만 편안한 숨을 쉬고 있었다. 점심 때쯤에는 멍하게 눈의 초점을 맞추었고, 오후 3시에는 앉아서 두리번거리더니, 오후 6시에는 나를 알아보고 말하기 시작했다. 다음 날 아침 6시, 바요와 메리는 응급구조 비행기로 케냐로 이송되었다. 나중에 바요가 살았고 회복하고 있다는 소식을 전해 들었다. 긴장이 풀린 탓에 나는 한동안 많이 아팠다.

12년 차 미국 선교사 카일의 피부이식 수술을 했다. 카일은 무슬림과 크리스천 청년들과 함께 농구 등 체육활동을 하며 선교하는 사역자다. 6개월 전, 아킬레스건 근처를 심하게 다쳐 피부이식을 두 번이나 받았는데 모두 감염으로 녹아 이번이 세 번째 수술이었다. 경험많은 두 선배 의사가 실패한 후여서 긴장이 많이 되었다. 한국의 성형외과 교수님에게 미리 메일을 보내 치료 과정 하나하나를 점검받았다. 수술은 수월하게 진행되고 캐스트(깁스)로 마무리했다.

수술 후 첫 소독 시간이 되었다. 캐스트 일부를 잘라내고 상처 소독을 해야 하는데 전기톱이 든 캐비닛이 잠겨 있었다. 당직 간호사들도 열쇠가 어디 있는지 아무도 몰랐다. 이곳저곳을 뒤지다가 아주 엉뚱한 곳에서 전기톱을 발견했다. 그런데 그날은 아침부터 도시 전체에 전기가 들어오지 않았다. 나는 환자와 함께 가정용 발전기가 있는 집으로 전기톱과 소독 도구를 가지고 갔다. 이번에는 발전기를 돌렸는데도 전기가 들어오지 않았다. 작동 스위치의 문제였다. 배선을 다시 하고 흔들림을 고정하니 그제야 전기가 들어왔다. 우여곡절 끝에 캐스트를 자르고 소독을 했다. 다행히 수술 부위의 피부는 잘 붙어 있었다. 소독 한 번 하는데 토요일 오전이 다 지나갔다.

나는 힘든 마라톤을 마친 선수처럼 지쳐버렸다. 한국에서는 외과 의사가 하지 않는 피부이식 수술과 캐스트를 했고, 전기톱을 찾으러 다녔고, 환자를 집까지 데려가 발전기를 돌렸고, 고장난 전원 스위치를 고쳤다. 여기에 의료 선교사에 대한 환자의 기대치가 높아 그에 맞는 수술 결과까지 책임져야 하니 아프리카에서 일하는 의사에게 주어지는 업무 스트레스가 막중하다.

2013년 12월, 우리 가족은 본부의 권유로 다시 옆집으로 이사했다. 나이지리아에서 40년간 섬기고 65세에 은퇴해 미국으로 돌아간 닥터 베브 트럭스턴의 집이다. 베브는 내가 중증 근무력증 환자라는 사실을 알면서도 나이지리아에 올 수 있도록 허락한 의사였다. 그녀는 내게 말했다.

"1980년도에 걷지도 못하고 누워서 들어온 환자에게 혹시나 하고 스테로이드를 주었더니 곧 일어나 퇴원했거든요."

하나님께서 미리 보내셨던 것일까? 어쨌든 베브의 긍정적인 경험

덕에 나는 나이지리아로 올 수 있었다.

닥터 트럭스턴의 집에서는 오랜 역사가 느껴졌다. 긴 세월만큼이나 엉켜 있는 지붕 배선을 보면 한숨이 나오고, 화장실의 구더기들을 추적하다 천장에서 죽은 쥐를 발견해 놀라기도 했다. 이 집은 밤이면 문을 네 군데 잠근다. 비상시에는 거실 비상벨을 울리고 뒷방으로 가 망치로 약한 벽을 깨고 탈출해야 한다. 대신 거실에는 근사한 벽난로가 있고, 외부에 노출되지 않는 마당이 있다. 마당에는 닥터 트럭스턴이 가꾸던 꽃과 나무들이 가득하다. 가끔 1미터가 넘는 뱀을 보고 기겁도 하지만 기대하지 않았던 어린 잎사귀가 피어나고 예쁜 꽃들을 만나는 기쁨이 있다.

닥터 트럭스턴은 무슨 생각을 하며 꽃과 나무를 이리도 정성스럽게 가꾸었을까? 나이지리아에 쓰나미처럼 몰아닥치는 잔혹한 내전, 쿠데타, 군사정권, 에이즈 등을 겪으면서도 그가 무사히 선교사역 40년을 보낼 수 있었던 것은 꽃과 나무를 돌보며 마음을 쉴 수 있었기 때문이 아닐까? 끊임없는 예측불허의 상황에서 나도 어떻게든 최선을 다한다. 하지만 그다음에는 놀란 몸과 마음을 추슬러 제자리에 갖다놓아야 한다. 그래야 내일을 살 수 있다. 아프리카에서 오래 일하려면 때때로 이상과 멀어지는 감정의 울음에 귀를 기울여야 한다.

바요는 케냐에서 잘 회복해 돌아왔다. 두 달 후에는 추가 검사를 받기 위해 미국에 다녀왔다. 병원 두 곳에서 공통으로 내린 진단은 '건강함'이었다. 그는 나에게 생명의 은인이라며 자기 부족의 특별한 옷을 선물했다.

최후의 약자,
어머니

빙햄병원에서 일하면서 여러 사람들을 만나다보니 나이지리아 사람들의 이름과 생일이 흥미롭다는 사실을 발견했다. 선데이(일요일), 먼데이(월요일)라는 이름이 예전 한국의 철수와 영수만큼이나 흔한 남자 이름이다. 흔한 여자 이름으로는 줌마이, 싸티, 라디 등이 있는데, 이는 하우사어로 각각 금요일, 토요일, 일요일이라는 뜻이다. 시골에서 온 사람들은 자기 나이와 생일을 정확하게 알지 못하는 경우가 많다.

한번은 딸과 어머니가 함께 내원했다. 딸이 22세인데, 어머니 나이가 30세로 기록되어 있었다. 어머니에게 물었다.

"언제 딸을 낳으셨나요?"

"스무 살에요."

그러고보니 어머니의 나이가 쉰 살로 보였다. 병원 직원들도 마찬

가지다. 개인 신상 파일에 기록된 생일이 각각 다르게 네 개까지 나온 사람도 있었다. 정말 자기 생일을 모르는 수도 있고, 은퇴 시기를 늦추기 위해 그렇게 썼는지도 모른다.

하우사어로 일요일인 라디라는 30대 여성이 젖먹이 아기를 업고 절뚝이며 진찰실로 들어왔다. 다리로는 소변이 줄줄 새고 역한 냄새가 진동했다. 외래 기록을 보니 방광질루팀에서 보낸 환자였다. 방광질루는 방광과 질 사이에 구멍이 생겨 소변이 질을 통해 새는 질환이다. 골반이 충분히 발달하지 못한 어린 나이에 결혼하고 출산하는 아프리카 여성들에게 잘 생기는 슬픈 산과 질환이다. 이 병에 걸리면 대부분은 아이를 잃고 남편에게 버림받는다. 라디는 다른 원인의 방광질루인 경우였고, 그 나이에 여섯 자녀의 엄마였으며 역시 이혼을 당했다.

대부분의 방광질루는 간단한 수술로 고칠 수 있지만, 아프리카의 농촌에서는 여전히 큰 문제로 남아 있다. 빙햄병원의 방광질루팀은 유명해서 하버드 의과대학 학술대회에 초청받을 정도로 최고 수준의 수술을 하고 있다.

라디는 병원으로부터 차로 두 시간 떨어진 가난한 동네 카판찬에서 왔다. 진료를 받기 위해 병원 로비 한 귀퉁이에서 아기와 함께 밤을 보낸 그녀는 치료비도 없고 보호자도 없었다. 이런 경우에 어지간하면 도움을 주는 방광질루팀이지만, 외부 지원금이 줄어들어 여러 질병이 함께 있는 라디를 치료비 내는 외과로 보낸 것 같았다.

라디는 척추이분증이라는 선천적 질환이 있었다. 신경장애로 대

소변 조절이 안 되고 걷기도 어려운 병이다. 그 몸으로 결혼하고 자녀를 여섯이나 낳은 것은 우리 생각에 불행한 기적이었다. 나이지리아에서 어머니는 가장 약자다. 한 가정의 지출 우선순위를 보면, 첫 번째는 아이들 학비, 그다음은 식비, 아이들과 남편 병원비, 가족 경조사비, 밀린 빚 갚기 순이고 맨 나중이 어머니 자신의 치료비다. 어머니들은 버틸 대로 버티다가 유방암은 유방이 다 헐어 없어졌을 때, 복막염은 패혈증까지 진행되었을 때, 에이즈는 온갖 감염으로 숨이 넘어가는 상태에서 병원에 온다.

라디도 도저히 견딜 수 없는 지경이 되어서야 병원에 왔다. 제일 큰 문제는 우측 엉덩이 대부분을 차지하는 직경 15센티미터 정도의 깊은 궤양과 그곳으로 새어 나오는 소변이었다. 사타구니와 우측 다리 전체는 소변 때문에 염증이 생겨 심하게 부어 있었다. 당장 패혈증으로 사망해도 이상하지 않았다. 하지만 보호자 동의와 치료비 없이 끝을 알 수 없는 치료를 시작하는 것은 나이지리아에서는 금기다. 환자가 치료비를 내지 않고 병실에서 대책 없이 버틸 수 있고, 나중에 생길지도 모르는 합병증에 대해 병원이 책임을 물게 될 수도 있기 때문이다.

병동 간호사, 수술방 간호사, 외과 교수, 레지던트, 원목, 방광질루팀, 푸어펀드팀(치료비 지원팀) 등을 만나 상의했다. 이런 경우일수록 함께 하나님의 뜻을 구하는 것이 좋다. 일단 치료는 시작하고 위급상황이 지나가면 전원하기로 합의했다. 나와 현지 직원들이 돈을 모으고, 푸어펀드의 도움도 받고, 밥은 방광질루팀이 제공하기로 하고 입원 수속을 밟았다.

다행히 시도해본 소변줄로 소변이 나와 생각보다 수월하게 상처 치료가 시작되었다. 궤양 부위의 조직검사와 항생제 치료도 진행했다. 의과대학 학생들도 안타까웠는지 소독 재료와 외부에 맡겨야 하는 조직검사를 자원해서 도왔다. 나흘이 지나자 궤양과 부기는 조금씩 호전되었다. 그러나 조직검사 결과 암으로 판명되었다. 근본적인 치료는 어려웠다.

일주일 후, 라디의 어머니가 나타났다. 라디의 어머니는 치료에 고마워하며 집에서 가까운 병원으로 환자를 데리고 갔다. 너무도 가난한 이들에게 혹시 도움이 될까 해서 나는 지방정부와 교회에 지원을 호소하는 의사 소견서를 써서 라디의 손에 쥐어주었다. 원목팀도 퇴원 후 가정방문을 하는 등 최선을 다했다.

병동 회진 중에 흐느끼고 있는 레베카를 만났다. 교통사고를 당해 다리 복합 골절과 심한 욕창으로 두 달째 치료받고 있는 40대 여성이었다.

"밀린 병원비가 백만 원이 넘어가 더 이상 외상으로 약을 줄 수 없대요. 상처 소독도 안 되고요. 음식 구할 돈도 없어 어제 저녁부터 굶고 있어요."

발치에 앉아 있는 열다섯 살 아들은 고개를 푹 숙이고 바닥만 보았다. 치료가 중지되면 그동안 애쓴 것은 다 허사로 돌아갈 것이다.

가난해서 치료비를 낼 수 없는 사람들을 위해 빙햄병원은 푸어펀드 위원회를 두고 있다. 하지만 두 가지 이유로 운영이 잘 되지 않는다. 첫 번째 이유는 주로 후원하던 선교사 수가 급감해 기금이 고갈되었기 때문이다. 더 심각한 두 번째 이유는 정말 도움이 필요한 사람을 선정하기가 어렵기 때문이다. 예를 들면, 병원에 그런 기금이 있다는 걸 아는 직원이 지인들에게 "돈이 없다고 버티면서 치료비를 내지 말라"고 귀띔해주는 경우가 있었다. 그런 이유로 푸어펀드는 유명무실해졌다.

한편으로는 이해가 간다. 국민 대부분이 월 6만 원 정도의 최저생계비로 살아가는데 50만 원, 백만 원이 넘어가는 병원비는 너무 큰 부담이다. 현지 의사들은 이 문제를 선교사의 책임으로 돌렸다.

"옛날 선교사들이 공짜로, 또 너무 저렴하게 치료해주는 바람에 나이지리아 사람들은 병원에 가면 당연히 돈을 안 내려는 나쁜 습성이 길러졌어요. 돈 받는 우리만 괜히 나쁜 사람 취급을 당하고요."

어쨌거나 레베카 같은 가난한 환자들을 도와줄 방법을 찾아내야 했다. 우선 하루 소독 비용이 4천 원이면 한 달에 12만 원이다. 푸어펀드 위원회와 상의해 도움을 받기로 했다. 다음은 음식이다. 한 끼에 1,500원이면 하루 4,500원, 한 달에 약 14만 원이다. 식비에 쓰라고 현금을 주면 환자들이 다른 곳에 쓸 가능성이 있다. 나는 병원 내에서 방광질루팀이 운영하는 식당을 찾았다. 이곳에서는 산도열상을 입은 여성들을 위해 무료로 식사를 제공한다. 쿠폰을 사용해 이곳에서 음식을 먹게 하고 대신 식당 운영을 지원하기로 했다.

우선 치료 중단 위기에 있는 환자 두 명을 선정했다. 이들을 돕기 위해 모금했더니 놀랍게도 한국의 성도 19명이 동참해 천만 원이 모였다.

3개월이 지났다. 첫 수혜자인 레베카의 욕창은 잘 아물어갔다. 이제는 상처 소독 없이 좌욕으로만 치료하게 되었다. 하지만 병원비를 정산하지 못해 계속 병동에 머물렀다. 방광질루팀 식당에서는 부탁도 안 했는데 불쌍하다고 무료로 식사를 계속 제공했다. 레베카는 5개월 만에 퇴원했다. 미납된 병원비를 받으러 여러 번 직원들이 집으로 찾아갔지만 워낙 가난하게 사는 모습을 보고 포기하고 돌아왔다.

두 번째 수혜자인 선데이는 병원비를 아끼기 위해 통원하기로 했는데, 그 후로 병원에 오지 않았다. 연락해보니 교통비가 없어 집에서 치료한다고 했다. 일주일에 한 번이라도 오라고 전했지만 오지 않았다. 안타깝게도 푸어펀드 위원회에서는 다음으로 도와줄 환자 명단을 보내오지 않았다.

내 아이디어로 가난한 환자들이 실제로 도움을 받고 지원 요청이 쇄도할 줄 알았는데 반응이 시원치 않아 실망했다. 게다가 푸어펀드 위원회가 올린 새로운 계획에 나는 그만 힘이 빠지고 말았다. 위원회는 지난 3년간 환자들의 미수납금 통계를 내고 이 빚을 탕감해주겠다는 계획을 세웠다. 비용은 교회와 개인, 단체를 통한 모금으로 충당하겠다고 했다.

'일 년에 적어도 1,400-1,800만 원을 어떻게 모금하며, 후원금이 환자들 빚 갚는 데 쓰인다고 하면 누가 헌금을 할까? 이 사실을 환자들이 알면 누가 병원비를 제대로 낼까?'

답답하고 걱정되었다. 하지만 아무리 좋은 제안이라도 현지인들이 결정하는 것이 가장 바람직하기에 최대한 말을 아끼고 기다렸다.

다행히 푸어펀드 위원회는 합리적으로 제안을 수정했다. 과거의 빚을 갚기보다는 앞으로 진행될 치료를 중심으로 계획을 다시 세우고, 모든 사람의 빚을 탕감하기보다는 꼭 필요한 환자들을 찾아내 돕는 방법을 모색하고, 기금 운용에 대한 세부 사항을 만든다는 것이 핵심이었다. 나의 제안과 가까워졌다. 하지만 계획만 있을 뿐 더 이상 진행되지 않았다.

맥이 빠져 시무룩해진 나를 보고 간호부장 고니가 직접 나서주었다. 60세의 노련한 간호부장은 간호부 병동 회진 때마다 가난한 환자를 선별하고 위원회에 조사를 의뢰해 그들을 도왔다. 2016년 4월까지 51명의 환자들이 도움을 받았다.

성경에 나오는 선한 사마리아인의 비유는 항상 나를 부끄럽게 만든다. 아프리카에서 가난과 질병은 무지와 잘못된 가치관과 상승작용을 일으켜 무시무시한 힘으로 사람들을 짓누른다. 그 가운데서도 약자 중에 약자인 여성들이 가장 큰 희생자다. 누가 이 사람들의 이웃이 되어 도와줄 것인가?

그분들의 '가난'은 원칙적으로 그분들의 것이 아닙니다. 그분들의 '가난'

은 당신의 뜻에 따라 창조하신 창조주 하나님에게서 온 것으로, 하나님의 것이라 할 수 있습니다. 세상적인 우리의 '풍요'와 그분들의 '가난'은 모두 하나님의 것입니다. 그렇기에 우리는 이를 서로 나누어야 합니다. 하나님의 것으로 하나님의 것이 되게 해야 합니다.[11]

가난한 사람들을 돕기 위해서는 하나님의 지혜와 시간이 필요하다. 천천히 가더라도 현지인의 속도와 요구에 따라야 한다는 것을 다시 한번 배운다.

소아마비를
더 많이
보내주세요

한국 의료선교대회의 선택식 강의자로 초청받았다. 학생 때 내가 받은 은혜를 생각하면 꼭 가고 싶지만, 강의 하나 때문에 가기에는 너무 멀었다. 기도하던 중 지난번 ECWA 안과병원에서 의사 한 명에게 한국에서 망막 레이저 치료 연수를 할 수 있게 해달라고 부탁받은 일이 생각났다. ECWA 안과병원은 북부 나이지리아의 가장 큰 이슬람 도시 카노에 있는 선교병원이다.

이 기회에 둘이 같이 가면 좋을 것 같았다. 고맙게도 이화의료선교회 교수님들과 실로암안과병원 원장님이 동의하고 누가회 선생님 가정에서 후원해주어 2주 간의 교육이 성사되었다.

문제는 돈이었다. 경비가 두 배가 들었다. 하지만 하나님의 계획에는 늘 놀라운 일이 벌어진다. 한국국제보건의료재단에서 WHO를 통해 북부 나이지리아 소아마비 박멸사업에 백만 달러를 지원했는

데, 현지의 사업을 참관하고 가능한 한 빨리 보고해달라는 연락이
왔다.

사실 그 일은 아주 위험한 아르바이트였다. 소고토 지방은 나이지
리아에서 가장 더워 낮 기온이 45도까지 올라가고, 테러와 납치도
빈번한 곳이다. 그래도 꼭 필요한 현지 의사의 연수비용을 충당할 수
있는 일이기에 흔쾌히 나섰다.

소고토주는 니제르와 국경을 마주하고 있는 나이지리아 가장 북
쪽에 위치한 곳이다. 면적은 경기도와 강원도를 합친 정도이고, 약
500만 명의 무슬림이 살고 있다. 닷새 동안 현장 조사를 하면서, 유
목민인 풀라니족과 많은 낙타들, 사하라 사막이 이어지는 국경지대
의 전통적인 아프리카 마을들을 방문했다. 길이라고 할 수도 없는 길
을 지나 이런 곳에도 사람이 살까 하는 곳에서 말로 표현할 수 없을
정도로 가난한 사람들을 만났다. 대대적인 소아마비 백신 사업 후,
함께한 마을 보건원에게 3,500나이라(약 3만 원)의 수고비를 주었더니
고마워하며 큰소리로 기도했다고 한다.

"하나님, 제발 나이지리아에 소아마비를 더 많이 보내시어 계속
돈 벌 수 있게 해주세요."

그냥 웃고 넘어가기에는 이들의 삶이 너무도 척박하다.

생존의 경계에서 사는 사람들에게 소아마비는 큰 문제가 아니다.
오히려 소아마비 때문에 외부 사람들이 방문하고 관심을 가져 조금
이라도 먹을 게 생기는 것이 중요하다. 소아마비가 사라지면 자신들

의 일자리도 없어질까 봐 걱정하는 보건원들을 보며 마음이 아팠다.

2013년 자료에 의하면 전 세계에서 4개국, 파키스탄, 아프가니스탄, 차드, 나이지리아에만 소아마비가 전염되고 있었다. 서구의 크리스천들이 소아마비 백신에 불임약을 섞어 무슬림 인구를 줄이려 한다는 헛소문이 퍼져 백신 접종을 거부하는 것이 가장 큰 장애였다. 이 문제는 현지 종교와 정치 지도자들의 도움으로 어느 정도 해결되었으나, 지금은 치안 문제 때문에 들어가지 못하는 마을이 늘어나고 있다. 보코하람이 장악한 지역에는 백신팀이 들어갈 수 없었다. 카노에서는 백신 접종센터가 공격을 받아 의료진 중 아홉 명이 죽었다.

WHO 사람들과 함께 활동하면서 많은 점을 배웠다. 국제기구의 지혜로운 기준과 구체적인 계획, 직면해야 하는 안타까운 현실에도 불구하고 정부 관계자와 나누는 겸손한 대화 등이다. 이 모든 것으로 어떻게든 변화를 일으켜 한 생명이라도 구하려는 노력이었다.

'선교사인 나는 모든 아이들에게 백신을 전달하려고 위험지구까지 들어가는 WHO 직원들만큼 간절한 구령의 열정이 있는가?'

기도하며 반성했다.

ECWA 안과병원의 닥터 노아와 동행한 한국 일정은 은혜로웠다. 아시아를 처음 방문한 닥터 노아는 발전한 한국 사회와 의료 수준에 놀랐다. 무엇보다 많은 의료 선교사들의 헌신과 희생에 감동했다. 그는 양화진의 외국인 선교사 묘역에도 다녀왔다. ECWA 안과병원은 이슬람의 영향이 강한 지역 카노에 있는 선교병원으로, 잦은 무슬림의 공격과 경영난으로 병원문을 닫아야 할 위기에 처해 있었다. 닥터 노아는 이슬람 지역에 사는 크리스천 의사로서, 또 선교사로서 어떤 삶을 살아야 하는지 고민했다.

닥터 노아는 한국에서 연수를 마치고 돌아가 망막 레이저 치료를 시작했다. 이대목동병원의 김윤택 교수님과 이메일을 주고받으며 배움을 이어갔다. 병을 고치지 못했던 카노의 망막환자들이 큰 도움을 받았다. 또 한국에서 연결된 김동해 원장님의 비전케어팀도 나이지리아 라고스의 병원에서 여러 차례 백내장 수술 봉사를 진행해 수많은 환자들의 시력을 되찾아주었다.

닥터 노아 이후, 병원장 닥터 아티마가 한국에 들어와 석 달 동안 소아 사시 연수를 받았다. 그는 한국에 있으면서 미래에 대해 많은 생각을 하고 ECWA 안과병원에 돌아가 새롭게 병원을 개혁했다. 현재 ECWA 안과병원은 열 명이 넘는 의사와 널찍한 3층 건물을 가진, 교단 산하에서 가장 잘 운영되는 병원으로 탈바꿈했다.

오늘날 의료 선교가 찾을 수 있는 좋은 대안 중 하나는 '현지 의료인을 키우고 섬기는 일'이다. 짧다면 짧을 수도 있는 현지인 의사들의 한국 연수가 이슬람 지역에서 고전하던 선교병원에 새로운 비전을 심어주었다. 닥터 노아를 한국에 데려오기 위한 경비를 벌기 위해 나에게 소아마비 박멸 사업 조사 아르바이트를 주며 인도하신 하나님의 놀라운 역사다.

북소리가 바뀌면
춤도 달라져야 한다

평범한 하루의 시작이었다. 금요일 아침 10시, 외과 미팅을 마치고 난민학교 방문을 준비하고 있었다. 마침 간호사 사우리가 조심스럽게 내 방으로 들어왔다. 그는 과묵하고 체격이 듬직한 남자다.

"상의할 게 있어요. 당신이 전에 나보고 아파 보인다고 한 적이 있지요? 지난주에 위 내시경을 했는데 위암이래요. 닥터 리, 위암 수술할 수 있나요?"

이게 무슨 청천벽력 같은 소리인가!

"우선 CT부터 빨리 찍읍시다. 내부 상태를 확인해야 해요."

사우리가 머뭇댔다.

"그런데…… 돈이 없어요."

그를 알게 된 이후 처음 듣는 얘기였다. 얼른 지갑을 열어 돈을 보태주고 기도했다.

'하나님, 당신의 뜻을 모르겠습니다. 사우리를 불쌍히 여겨주세요.'

빙햄병원에는 세 명의 마취 간호사가 있다. 그중 두 명의 숙련된 간호사 켄티옥과 사우리가 번갈아 당직을 서며 모든 수술을 책임진다. 인력을 충원하려 해도 신세대 간호사들은 한두 달을 버티지 못하고 수술실을 떠나버렸다. 사우리는 2001년부터 빙햄병원 직원 숙소에 살면서 근무해왔다. 그는 아내와 딸 둘, 아들 둘이 있다.

2010년, 내가 이곳에 오고 나서 그동안 사우리와 함께 수없이 당직을 섰다. 무장 강도, 폭탄 테러, 교통사고와 각종 질병으로 실려온 사람들을 수술하고 생명을 살리는 기쁨을 같이 누렸다. 빙햄병원이 선교병원에서 의과대학병원 체제로 바뀌고 직원들이 월급을 더 주는 병원으로 대거 이직할 때, 사우리도 오라는 곳이 있었지만 가지 않았다. 이유를 묻자 그는 대답했다.

"환자들에게 최선을 다하는 의사들과 일하고 싶어서요."

이 말을 듣고 나는 부끄러웠다.

"나도 그런 의사에 속하나요?"

내 물음에 그가 말했다.

"당신이 수술방에 자주 책을 들고 와서 몇 번씩 비교하고 찾아보며 수술하는 것을 봤어요. 잘 알지 못하는 수술을 아는 척하고 결과에는 관심 없는 의사들도 있어요. 당신은 모르는 것을 인정하고 더 완벽하게 하려고 애쓰는 모습이 보기 좋았어요."

선교지에 와서 처음 해야 하는 수술을 앞두고 공부하고, 그런 다음에도 실수할까 봐 수술방에 책을 가지고 들어가 확인한 것이 사우리의 눈에는 좋게 보였나보다.

    사우리는 화요일이 되어서야 CT를 찍어 가져왔다. 월요일에 조스병원 CT가 고장나 차로 두 시간 떨어진 바우치병원까지 갔는데, 사람들이 너무 많아 다음 날 오후가 되어서야 촬영했다고 한다. 컴퓨터 화면에 사우리의 영상이 뜬 순간, 나는 눈앞이 캄캄해졌다. 간의 대부분에 암이 퍼져 있었다. 수술이 불가한 말기였다.

    아침 직원예배 시간, 그 단단하던 사우리의 뒷모습이 유난히 수척해 보였다. 한국의 영상의학과 선생님을 통해 받은 최종 진단은 간과 폐까지 전이된 4기 위암이었다. 임파선 전이로 인한 담도확장으로 곧 황달이 예상되었다. 최악이었다.

    진료실에서 사우리와 함께 기도하고, 입이 떨어지지 않았지만 솔직하게 결과를 알려주었다.

    "수술은 도움이 되지 않아요. 항암치료가 최선인데 이런 경우 평균 생존 기간은 6개월로 봅니다."

    "인 키디 야 찬자, 사이 라와 마 야 찬자(In kidi ya canja, sai rawa ma ya canja). 하우사 속담이에요. 북소리가 바뀌면 춤도 바뀌어야 한다는……."

    사우리의 얼굴은 평안했다.

    "어제 CT 검사를 받고 나서 걱정이 몰려왔어요. 하지만 기도하는 중에 하나님께서 평안을 주셨어요. 하나님은 좋은 분이십니다. 실수하지 않고 실패하지 않는 그분을 나는 믿어요. 내 나이 53세, 죽는 것은 괜찮아요. 단지 이렇게 빠를 줄 몰랐어요. 가족이 걱정입니다. 내가 없어도 아이들의 행실이 올바를까요? 집이 없는데 내가 죽은 후에 가족들은 어디서 살아야 할까요?"

나는 아무 말도 할 수 없었다.

"항암치료는 하고 싶지 않아요. 약이 없다, 돈이 없다 하며 여기저기 구걸하러 다니고 싶지 않아요. 우선 가족들과 상의해서 아이들 학교를 저렴한 곳으로 옮겨야겠어요. 북소리가 달라졌으니 춤도 달라져야겠지요. 하나님은 선하신 분입니다. 그분에겐 계획이 있어요!"

사우리 소식이 병원에 알려지며 가장 많이 듣는 말이 있었다.

"하나님은 선하신 분입니다. 그분에게 계획이 있을 겁니다!"

기가 막힌다는 탄식과 함께 자동으로 나오는 그 말에 더욱 마음이 아팠다. 사람들은 이런 말로 믿기지 않는 소식을 받아들이고 서로를 위로했다.

항암치료를 받지 않겠다고 하던 사우리는 많은 사람들의 기도와 도움으로 여섯 번의 항암치료를 마치고 추적 검사를 받았다. 그 사이 막혀 있던 십이지장에 내시경이 들어가는 것을 보고 잠깐 기뻐했으나, 복부 CT 검사 결과 암이 위와 간에서 더 진행되어 있었다. 하얗게 눈이 내린 것 같은 흉부 엑스레이는 대량의 암세포가 폐로 전이되었음을 보여주었다.

"이 정도면 최선을 다했습니다. 더 이상 항암치료는 하고 싶지 않아요. 이런 결정에 평안함이 있습니다. 지금까지 인도해주신 하나님과 병원에 감사드립니다. 정말 저를 가족같이 돌봐주셨어요. 매일 아침 눈뜨면 여전히 삶을 허락해주신 하나님께 감사하며 하루를 시작합니다. 그러니 날 불쌍하게 여기지 말아주세요."

사우리는 항암을 포기한 후에도 매일 출근해 일상을 이어갔다. 한층 느려진 말과 걸음으로 평소처럼 환자를 마쳤했다. 간간이 조심스럽게 숨을 내쉬며 미소 짓는 모습은 거룩하게 보였다.

불에 구운 쥐를 좋아하는 우리 개 엘리가 예쁜 강아지 세 마리를 낳았다. 강아지가 태어나는 걸 처음 본 아이들은 경탄했다. 두 마리는 다른 사람에게 나눠 주고 그중 한 마리를 특별히 선택했다. 에이미라는 이름을 붙여주고 애지중지 길렀다. 보코하람의 테러와 에볼라 바이러스로 흉흉하던 시간에도 귀여운 에이미가 자라가는 모습을 보며 얼마나 즐거웠는지 모른다. 그러던 어느 날, 에이미가 코피를 흘리며 힘없이 누웠다. 수의사를 불러 주사까지 맞혔지만 밤사이 에이미는 차갑게 식어버렸다. 처음으로 죽음을 가까이서 접한 우리 아이들은 큰 충격을 받고 울었다. 바나나무 아래 에이미를 묻고 큰아들 산지는 슬픈 편지를 읽었다. 작은아들 산하는 예쁜 꽃을 마지막 선물로 주었다. 산하가 물었다.

"아빠, 왜 죽는 거야? 도대체 병은 누가 만든 거지?"

할 말이 없었다. 얼마 전까지도 우리의 첫 번째 감사제목이었던 에이미가 갑자기 죽은 것을 어떻게 설명해야 할지……. 다음 날, 가족

예배 시간에 전도서 말씀을 나누었다.

> 하나님이 모든 것을 지으시되 때를 따라 아름답게 하셨고
> 또 사람들에게는 영원을 사모하는 마음을 주셨느니라.
> 그러나 하나님이 하시는 일의 시종을
> 사람으로 측량할 수 없게 하셨도다(전도서 3:11).

나는 아이들이 죽음의 의미를 하나님의 시선으로 보기를 원했다. "세상 모든 것은 하나님께서 창조하셨단다. 그래서 우리는 삶에 좋은 일만 있길 바라지만 현실은 그렇지 않아. 특별히 죽음은 슬프고 무서운 거지. 그 이유는 죄가 세상에 들어왔기 때문이야. 아빠가 확실하게 말할 수 있는 것은 앞으로 이보다 더 아프고 힘든 순간이 너희에게 온다는 거야. 그때 이 전도서 말씀을 기억하면 좋겠구나. 지금은 이해할 수 없지만 하나님께서 아름답게 하실 때를 믿자. 사랑하는 에이미가 죽어 슬프지만, 그동안 에이미 덕분에 행복했던 3개월을 감사하자꾸나."

아이들이 죽음을 이해했는지는 알 수 없다. 하지만 강아지가 천국에 갈 수 있느냐고 묻는 걸 보아 영원에 대한 관심은 생긴 것 같다.

"피스토스 호 칼론(Pistos ho kalon)."

이 말은 "너희를 부르시는 이는 미쁘시니"(데살로니가전서 5:24)의 그리스어 원문이다. 착한 사우리가 왜 아픈지 나는 알 수 없다. 단지 부

르시는 주님의 신실함에 의지할 뿐이다. 당시 기도편지에 이렇게 썼다.

"이만하면 꽤 따라간다 싶을 때 북소리가 바뀌었습니다. 둥, 둥, 둥, 둥……. 모두 이전의 춤을 멈춰야 했습니다. 어색한 정적이 흐르고 한 사람 한 사람 새로운 스텝을 딛기 시작합니다. 처음 보는 동작입니다. 저는 어떻게 해야 할지 몰라 낯설게 서 있습니다. 흔들거리는 사람들 사이로 북소리는 더욱 커지고 있습니다."

사우리는 지상에서 추던 춤을 멈추었다. 암을 진단받고 8개월 후, 2019년 7월 15일에 주님의 품에 안겼다.

5장
소금과 빛은 어디에 있는가

선교사는 불쌍한 조카를 방문한 부자 삼촌이 아닙니다.
선교사는 다른 거지에게 어디에 빵이 있는지를 전하는 거지입니다.
우리는 모두 거지입니다. 단지 차이가 있다면,
선교사는 어디로 가야 음식이 있는지 알고 있는 것입니다.
선교사도 현지인들만큼 먹을 것이 절실합니다.
이렇게 함께 찾은 양식을 선교사가 현지인과 나눌 때
그 진정한 맛과 가치가 드러날 것입니다.

데이비드 보쉬, 『길의 영성』

에볼라
바이러스

"꼭 가야 하나요?"

한국 방문을 마치고 나이지리아로 돌아가기 위해 트럭에 짐을 싣는데, 동광교회 이동훈 장로님이 걱정 가득한 얼굴로 물었다. 서부 아프리카에는 에볼라 바이러스가 퍼지고 있었다. 기니에서 시작된 에볼라는 라이베리아와 시에라리온을 넘어 나이지리아까지 왔다. 하필 인구 1,500만 명의 60퍼센트가 슬럼가에 사는 나이지리아의 가장 큰 도시 라고스를 덮쳤다. 에볼라는 1979년 콩고의 에볼라 강물에서 처음 발견된 바이러스로 치사율 90퍼센트까지 보고되는 악명 높은 1급 전염병이다. 감염되면 극심한 두통과 고열, 기침, 설사, 탈수를 일으키며 악화되다가 저혈압과 출혈에 의한 다발성 장기 손상으로 발병 7-14일경 사망한다. 특별한 치료제는 없다. 직접적인 접촉으로 전염되기 때문에 전파력은 낮지만, 장례식에 많은 사람이 모여 시신에 마지막 키스를 하는 아프리카의 독특한 문화 때문에 에볼라가 확산했다.

2014년 8월 8일, WHO는 국제적 공중보건 비상사태를 선포했다. SIM 라이베리아팀은 엘와병원 선교사들이 에볼라에 감염되어 미국으로 이송되는 바람에 큰 어려움을 겪고 있었다.

지인들의 우려가 컸다. 혹시 나이지리아로 돌아가 감기에 걸려 열이 나는데 에볼라로 의심받아 강제 격리되면 진짜 에볼라 환자와 함께 있게 될 수도 있었다. 상황이 나빠져 공항이 폐쇄되면 다시 한국으로 돌아올 수 있다는 보장도 없었다.

나와 아내는 기도했다. 그리고 나이지리아 현지의 사실 관계를 확인하고 결정을 내렸다.

"아직 못 갈 정도는 아니다. 알 수 없는 미래는 주님 손안에 있으니, 지금은 사역지로 돌아가 현지인들과 함께 있자."

나이지리아 공항에는 마스크와 장갑을 낀 사람들이 레이저 장비로 입국자들의 체온을 일일이 체크하고 있었다. 긴장감이 돌았다. 석 달을 비운 일흔 살 먹은 집에는 쥐들이 허락도 없이 세 들어 살고 있었다. 화장실 세면대와 변기, 두 개의 물탱크에서 물이 샜다. 그만하면 양호한 편이었다. 짐을 풀고 아이들 등교를 준비하는데 한국국제보건의료재단에서 연락이 왔다. 외교부와 함께 에볼라 조사팀을 만들어 라고스로 들어가려는데 현지 코디네이터로 동행해달라는 요청이었다. SIM의 동의를 받기 위해 본부의 리더들을 만났다. 그분들의 첫 질문은 에볼라와 현지 조사에 관한 것이 아니었다.

"이 위험한 일에 참여해도 된다고 아내가 허락했습니까?"

사명보다 아내의 동의를 우선순위로 둘 만큼 경험 많은 선교 리더들은 가정을 중요시했다. 선교지로 떠나기 전 한국 SIM 본부 인사 담당 안옥란 선교사님은 나를 따로 불러 이런 당부도 했었다.

"선교사에게는 가족의 화목이 무엇보다 중요합니다. 선교지에서 부부가 싸우지 않고 살다만 와도 성공입니다."

얼마나 많이들 싸우면 이런 말을 할까? 선교사 가정은 한 팀이어야 한다. 아무리 위대한 사역을 해도 가정이 깨지면 안 된다. 내가 속한 SIM의 이런 원칙이 마음에 들었다.

비행기를 타고 라고스로 들어갔다. 다행히 에볼라 전염은 통제되고 있어 상황 종료도 가능하다는 희망을 보았다. 나이지리아는 기존의 소아마비, 황열 등 여러 감염성 질환 관리를 통해 축적된 경험과 노하우가 있었다. 정작 위험한 일은 따로 있었다. 새벽 4시에 일어나 소금물로 목욕하고 소금물을 마시면 에볼라가 예방된다는 헛소문이 현지인들 사이에 퍼져 있었다. 이 때문에 아직 에볼라가 발생하지도 않은 곳에서 소금 과용으로 여러 사람이 입원하는 기막힌 상황이 벌어졌다. 교민들에게는 설명회를 열어 걱정을 덜어주었다. 교민들은 오히려 나를 더 걱정했다.

"그 위험한 조스에 사는 선교사님에 비하면 여기 에볼라는 아무것도 아니에요."

무사히 조사 활동을 마치고 병원으로 복귀했다. 병원 직원들이 정말 반가워했다.

"에볼라 때문에 한국에서 안 오시는 줄 알았어요."

나를 반기는 또 다른 진짜 이유도 있었다. 내가 한국에 가 있는 동안 점잖은 할아버지 외과 의사 닥터 오모톨라가 병원을 떠났다. 선교 병원에서 대학병원으로 전환되는 가운데 실망한 점들이 있었다고 한다. 이제 외과 의사는 나 혼자 남았다.

한 달 후, 에볼라 사태가 다시 심각해졌다. SIM 대표 필 앤드류는 나이지리아에서 에볼라가 통제 불능 상황에 빠질 가능성이 높다고 내다보았다. 아이들의 학교는 이미 한 달간 휴교에 들어갔다. 본국으로 돌아갈지, 현지에 남을지 결정은 각 가정의 판단에 맡겼다. 아직 비행기가 운항하는 지금이 출국 가능한 마지막 기회일 수 있었다. 우리는 다시 기도했다. 결론은 같았다.

"지금은 이곳에 있어야 한다."

에볼라 와중에 대통령 선거가 다가오고 또다시 보코하람의 테러가 심해졌다. 그들은 전 국토의 8분의 1인 북동부 나이지리아를 장악하고 이슬람 국가를 선포하기에 이르렀다. 피난민의 수는 300만 명이 넘었고, 조스 시내에서도 자살 폭탄 테러가 일어났다. SIM 2차 긴급 회의가 소집되었다. 내전 가능성이 있고 치안이 극도로 불안하니 본국으로 떠날지 다시 결정하라고 했다. 우리 가족은 나이지리아에 남기로 했다. 앞으로 아프고 다치는 사람들이 많아지면 병원이 바빠질 텐데 외과 의사가 손 하나라도 보태는 것이 마땅했다.

놀랍게도 나이지리아는 에볼라 사태를 멋지게 해결했고, 보코하람이 장악한 지역도 대부분 되찾았다. 대통령 선거를 통해 평화롭게 정권 교체도 이루어냈다. 나는 평소와 다름없이 외과 의사 일을, 아내는 본부의 행정 일을 해나갔다. 한밤중에 큰 소리가 나면 총소리인가 폭탄 소리인가 싶어 가슴이 두근거렸지만, 하나님의 통치를 믿으며 하루하루를 지냈다. 남쪽의 에볼라와 북쪽의 보코하람 사이에 끼어 있는 조스의 주민들은 걱정 가운데서도 매일 일터로 나가 가족을 부양했다. 확실히 사랑하는 이들을 위해 삶을 이어가는 보통 사람들의 일상에는 위대함이 있다.

나이지리아의 4월은 건기가 마지막 피크를 이루는 달이다. 아프리카의 작열하는 태양과 더위가 제대로 꽂힌다. 이때 작은 나무들이 죽는다. 풀과 꽃들이 이미 사라진 메마른 땅에서 가냘프게 버티던 나무들이다. 조금만 참으면 우기가 오는데 건기의 막바지에 그만 생명을 놓는다. 하지만 마당 여기저기 말라가는 나무들에게 물을 한 양동이씩 주면 죽은 줄 알았던 가지 끝에서 파란 작은 손이 나온다. 아직 살아 있다고, 나를 포기하지 말라고 흔드는 손이다.

선교사의 가장 큰 일은 현지인과 함께 살아가는 것이다. 사회가 험악하고 메말라가는 시기에는 더욱 그러하다. 타들어가는 갈증을 함께 느끼며, 그 속에서 살아남기 위해 가지고 있는 생명의 물을 조금씩 나눈다. 그렇게 함께 손잡고 주님이 약속하신 은혜의 때를 기다린다.

당근 효과

빙햄병원은 연말에 고장난 발전기를 3주째 고치지 못하고 있었다. 당장 엑스레이와 피검사가 중단되어 환자들은 다른 병원을 찾아가야 했다. 외래는 그래도 운영되는데 수술실은 그렇지 못했다. 수술 도구와 옷을 소독하지 못해 당일 수술이 모두 취소되기도 했다.

"전기 문제로 오늘 수술 못합니다."

한국 같으면 병원이 몇 번은 뒤집어졌을 상황인데, 이곳 환자들은 웃으면서 말한다.

"기다리지요 뭐."

대단한 너그러움과 유연성이다.

그래도 수술실 전용 작은 비상 발전기가 있어 꼭 필요한 수술은 간신히 했다. 전력이 너무 약해 흡입기는 힘이 없어 포기하고, 전기소작기를 쓰기 위해서는 주 전등을 끄고 수술해야 했다. 설상가상으로 이번 금요일부터 정부 병원이 파업에 들어간다고 했다. 환자들이 더 밀려올 텐데 참으로 큰일이다.

발전기의 고장 원인은 정비 불량이었다. 그동안 엔진오일을 주기적으로 갈아주지 않고 그때그때 부족분만 채워 넣었다고 한다. 기록이 없어 그나마 제대로 채웠는지도 확신할 수 없었다. 비싼 부품을 차로 14시간이나 떨어진 라고스에서 구입해 바꾸고, 기술자들이 엔진을 수없이 열었다 닫았다를 반복했지만 소용없었다. 두 달 후, 병원장은 더 이상의 발전기 수리를 포기하겠다고 선언했다. 그동안 천만 원에 가까운 돈을 썼다. 밀린 두 달 전 월급을 간신히 주고 있는 병원이 감당할 수 있는 일이 아니었다. 이 디젤 발전기는 8만 달러가 넘는 것으로 9년 전 미국의 후원자가 선교사를 통해 기증한 물품이었다. 보통 15년 이상 사용하는 발전기인데 벌써 수명이 다했다니.

비싼 발전기가 못 쓰게 된 것은 수리기사들이 숙련된 기술자가 아니었고, 교체한 부품도 불량이었기 때문일 가능성이 높다. 이 발전기의 사용과 관리를 위해 기계 전문 단기 선교사가 특별히 병원 내 관리기사 먼데이를 교육시켰다. 그러나 먼데이는 자신이 배운 것을 후임에게 전수하지 않고 개인사업을 차려 떠나버렸다. 먼데이와 친척인 행정부장은 관리기사 감독을 철저히 하지 않았고, 전 병원장 역시 이런 상황을 파악조차 못하고 있었다.

선한 일을 위해 거금의 발전기를 기증한 후원자가 이런 이야기를 들으면 얼마나 기가 찰까 싶었다. 안타까운 점은 이것이 전혀 새로운 이야기가 아니라는 점이다. 이런 일은 이전에도 있었고, 앞으로도 계속 반복될 것이다. 인정하고 받아들여야 하는 사실은, 빙햄병원은 외부의 악에 대항해 싸우는 선이 아니라 그저 문제의 한 부분이라는 것이다. 알렉산드르 솔제니친은 말했다.

"악과 선을 가르는 경계선은 너와 나 사이에 있지 않고 우리 모두의 가슴을 관통한다."

연약한 나 역시 문제의 일부분이다. 이런 상황에서 하나님은 어떤 선교사 역할을 기대하실까?

비슷한 고민을 함께 나눴던 나의 멘토, 호주 출신의 선교사 닥터 앤드류(가정의학과)가 조언했다.

"30년 전 내가 처음 병원에 왔을 때는 군사정권에 빼앗겼던 병원이 교단으로 막 이양된 후였어요. 그땐 사람들이 출근도 잘 안 하고, 예배도 없었어요. 그래도 지금은 제대로 출근하고 예배도 드리잖아요. 그때보다는 분명히 좋아졌어요. 당신도 여기서 30년을 보내면 확실히 다른 모습을 볼 수 있을 거예요."

이 말을 듣고 우리는 함께 웃었다. 하지만 달라질 그 모습이 과연 더 좋은 것일지는 확신할 수 없었다.

나는 한동안 창고 정리를 했다. 어려운 환자는 내가 보지만, 일반적인 치료와 수술은 현지 의사들에게 맡겨 시간을 벌었다. 빙햄병원은 다른 제3세계 선교병원들과 마찬가지로 그동안 기증받은 물건들로 꽉 찬 창고를 가지고 있다. 그런데 도난을 이유로 큰 열쇠로 문을 굳게 잠가놓고는 아무도 물건을 사용하지 않는다. 시간이 지나면 그 안에 무엇이 있는지, 어떻게 사용하는지도 잊어버리고 관심도 없다.

창고에 들어가 보니 세계 각지에서 보내온 물건들이 수년 묵은 먼지를 뒤집어쓴 채 가득 차 있었다. 쓸 만한 물건들은 먼지를 털어내고 사용법을 알아냈다. 그중에는 꼭 필요해서 한국에서 가져올까 고민하던 정형외과 보행보조기도 있었다.

신임 병원장 닥터 댕키아우가 근래 들어 가장 열심히 하는 일이 정확한 기록을 통한 물품관리였다. 그동안 병원 물품들이 어떤 환자에게 얼마나 사용되고 있는지 기록한 자료를 신뢰할 수 없기 때문이었다. 앞으로는 이전에 받아간 물품의 구체적인 사용 내역을 보여줘야 새 물품을 받을 수 있게 했다. 당연한 일이지만, 이곳에서는 큰 변화였다.

병원 직원들이 부정직하고 게을러서라고 단정 지을 수는 없다. 아프리카 문화가 구어 중심이라 기록 남기는 것을 힘들어한다. 일이 이렇게 된 데는 선교사들의 책임도 있다. 과거에는 치료용품이 떨어지면 선교사들이 어떻게든 채워놓았다. 하지만 지금은 이렇게 공급할 수 있는 선교사가 없다. 이제는 현지인들이 관리하고 필요한 물품을 미리 구입하지 않으면 치료를 진행할 수 없다.

문제는 이런 개혁에 대한 직원들의 반발이 만만치 않다는 것이다. 그렇지 않아도 업무가 힘든데 왜 더 힘들게 하냐면서 기록을 무시하고 불평했다. 나는 어떻게 하든 병원장의 개혁을 돕고, 직원들의 마음을 긍정적으로 바꾸기 위해 시상식 아이디어를 냈다. 물품 사용

장부를 잘 작성한 직원들에게 부서별로 만 원씩 보너스를 주기로 한 것이다.

이 시도에 다들 관심을 보이며 적극 참여하겠다고 했다. 그리고 6개월 후에 시상식이 열렸다. 1등은 중환자실, 2등은 산전관리실, 3등은 수술실이 차지했다. 직원들은 상금을 받고는 아이들처럼 좋아했다. 비록 빵점을 기록한 부서도 두 군데나 되었지만, 그 후로 직원들은 더욱 철저하게 물품관리 기록을 남기려고 애썼다.

내친김에 '청결상'도 만들어보기로 했다. 이미 병원장을 통해 계획도 세웠다. 비밀감시단을 만들어 수시로 각 병동과 외래, 치료실 등의 청결 상태를 점검해 시상하는 것이다. 병원에서 너무도 당연한 청결을 감시하고 시상한다는 것이 부끄럽지만 이렇게 해서라도 나아지기를 바랐다.

이런 시도를 한 지 3년이 지나자 병원장 댕키아우가 내게 이렇게 말했다.

"이제야 직원들이 물품관리가 뭔지 알아가고 있습니다."

확실히 최근에는 거즈가 없어 소독을 못하거나, 흉관이 없어 소변줄을 사용하는 일이 줄어들었다. 역시 당근은 효과가 있다.

불이 나야
움직인다

빙햄병원에서 일하며 꼭 하고 싶은 것 하나가 안정된 전기 확보다. 한밤중 병동에 가면 칠흑 같은 어둠 속에서 간호사가 손전등을 들고 차트 기록을 하고 있다. 수술 중 엑스레이 필름은 창문에 붙여놓고 햇빛으로 판독한다. 전기를 담당하는 NEPA(National Electric Power Authority)라는 나이지리아 정부 자회사가 있지만 공급이 너무도 불안정해 사람들은 NEPA를 "Never Expect Power Again, 나간 전기는 다시 들어올 걸 기대하지 마라"의 약자라고 조롱한다. 수술이 필수인 병원은 어쨌거나 대안이 필요했다.

대형 발전기는 너무 비싸고 유지비도 많이 든다. 햇빛 하나는 끝내주는 이곳에 태양열 시스템은 어떨까 하는 생각이 들었다.

병원을 여덟 구역으로 나누어 비용을 계산해보았다. 총 20만 달러 정도의 비용이 예상되었다. 당연히 병원에는 돈이 없다. 돈보다 더 걱정되는 문제는 따로 있었다. 이곳의 회사가 좋은 기계와 배터리를 가져와 제대로 시공할까, 잘 유지해야 5년 정도 가는 태양열 시스템을 병원 직원들이 신중히 관리할까 하는 것이었다. 가짜 상표를 단 저질 장비로 시공한다든지, 직원들의 잠깐 부주의로 2년 안에 배터리가 방전되면 발전기를 쓸 때보다 더 낭비가 된다.

용기를 내 가장 중요한 수술방과 중환자실을 시범사업 장소로 지정했다. 잘 정착되면 안정된 수술과 중환자 치료, 비싼 의료 장비 보호에 큰 도움이 될 것이다. 예산은 2만 달러, 한화로 2,500만 원이었다. 우선 기도편지를 통해 한국의 성도들에게 후원을 부탁했다.

일주일 후, 미국에 사는 남동생 이재황에게 카톡이 왔다.

"형, 일대일 매칭펀드를 합시다. 누구든지 만 원을 후원하면 내가 만 원을, 십만 원을 후원하면 십만 원을 후원하는데 만 달러까지 지원할게요."

매칭펀드의 효과는 대단했다. 이 소식이 전해지자마자 바로 목표 금액을 넘어 3만 달러가 모금되었다.

태양열판 24개, 배터리 12개, 에어컨 3대, 10KV 인버터, 70개의 LED가 설치되었다. 시험 가동한 열흘 동안 전기가 다 나가버리는 시스템 오작동이 두 번 있었다. 놀란 마음에 바로 직원과 회사 사람을 불러 확인하고 설명을 다그쳤다.

문제점은 계속해서 드러났다. 첫 번째는 직원들이 불을 끄지 않는 것이었다. 수술 없는 방의 에어컨도 그냥 틀어놓았다. 전기 끄는 일은 누군가의 일이지 자기 일이 아니었다. 하긴 NEPA에 의존할 때는 워낙 전기가 불안정하게 들어와 스위치를 일부러 올리고 내리고 할 것도 없었다. 두 번째는 직원들이 태양열 전기로 물을 끓여 밀크티를 즐긴다는 것이었다. 물을 끓이면 저장된 태양열 전기가 금방 방전되고 건물 전체의 전기가 나간다고 여러 번 주의를 주었건만! 세 번째는 70년 된 건물의 미로처럼 엉킨 배선을 지나는 동안 전기가 어디론가 새어나가는 것이었다. 네 번째는 설치 배터리의 용량 부족이었다. 배터리 4개와 태양열판 8개를 추가로 달았다. 다섯 번째는 관리 직원이 바로바로 연락되지 않는 것이었다. 배터리는 방전되면 하루만에도 그 수명이 급격하게 감소해 빠른 조치가 필요했다. 태양열실 문앞에 책임자 이름과 전화번호를 적어놓고 금방 연락할 수 있도록 했다.

북부 나이지리아에서 30년을 보낸 미국 선교사 테리가 말했다.

"나이지리아인에게 깊이 박혀 있는 문화적 특성 가운데 하나가 '워킹 온 파이어(Working on fire)', 우선 불이 나야 움직인다는 것입니다. 불날 것을 예상해 미리 소화 도구를 준비하지 않아요. 왜 미리 준비하지 않느냐고 물으면 이렇게 답하지요. '어디서 얼마만큼 불이 날지, 그 순간 내 손에 무엇이 있을지 어떻게 압니까? 불이 나지 않을 수도 있잖아요.' 오히려 대비하는 사람에게 반문합니다. '당신은 불이 나기를 바라는 겁니까?'라고요."

그들의 말에도 일리는 있다. 하지만 프로젝트를 신행하는 나는 징말 속에서 열불이 났다. 병원장 댕키아우는 문제가 발견되는 대로 조정할 테니 너무 염려하지 말라고 위로했다.

그 후 현지 교단(ECWA)으로부터 태양열 전기사업으로 15만 달러를 대출받아 병원 전체로 프로젝트를 확장했다. 직원 월급도 밀려 있는 상황에서 새로운 시설을 투자한다는 건 큰 모험이었다. 한국에서 보내준 소중한 헌금이 마중물이 되었고 경영진이 용기를 내어 추진할 수 있었다.

태양열 전기사업은 시범사업 후 6개월이 지나서야 마무리 단계에 접어들었다. 응급실, 접수실, 기록실, 약국, 진료실, 그리고 입원실까지 손전등을 들고 다니던 모습은 없어졌다. 그런데 수술실 인버터가 9개월 만에 타버려 수리에 들어갔다. 제일 중요한 수술방과 중환자실이 이전의 불안한 시절로 돌아갔다. 수술 중, 나간 전기가 들어오길 기다릴 때마다 담담해지려고 애쓴다.

직원들이 고장을 확인하고 수리를 보내고 다른 전기 라인을 연결하느라 부산을 떨었다.

'음, 이 과정을 통해 뭔가 배우고 그만큼 발전하겠지.'

애써 위로한다. 나이지리아에서 전력 관련 사업을 하는 교민 박상우 사장님이 이런 말을 한 적이 있다.

"우리는 야구선수라고 생각합니다. 상황이 좋지 않아도, 컨디션이 나빠도 감독이 뛰라고 하면 나가야 하지요. 감독이 시킬 때는 그만한 이유가 있는 겁니다. 못 던지는 공이라도 던져야 하고, 헛스윙이라도 이를 악물고 휘둘러야 합니다. 나이지리아에 머물 수 있을 때 최선을 다해야지요. 뛰고 싶어도, 잘할 것 같아도 감독이 허락하지 않아 마운드에 오르지 못할 때가 올 것입니다."

뒤늦게 예수님을 영접했으나 모험정신이 가득한 크리스천 사업가
의 현명한 조언이다.

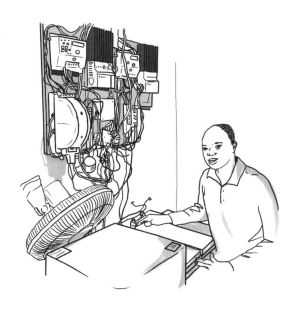

남의 속도
모르고

선교지에서 시간이 지나다보니 좀 더 친하게 지내는 현지인들이 있다. 그중 한 명이 닥터 아메다. 그는 빙햄병원에서 5년에 걸친 가정의학과 수련을 마치고 전문의가 되었다. 총명하고 환자와 동료들에게 헌신적이라 감동을 주는 의사다. 선교에도 관심이 많다. 보통 수련을 마치자마자 월급과 대우가 좋은 병원으로 떠나는데, 닥터 아메는 외과 영역을 더 배우고 싶다며 병원에 남아 나와 함께하는 수제자다. 덕분에 테러가 심한 조스에 꼭 필요한 외상 환자 치료를 한층 업그레이드할 수 있어 큰 도움이 되고 있다. 여러 가지 예측할 수 없는 일들 속에서 낙심할 때, 말이 통하는 닥터 아메를 가르치다보면 보람 있고 다시 힘을 내게 된다.

닥터 아메와 함께 외래 환자를 보는 날이었다. 평소와 달리 유난히 피곤해 보이던 닥터 아메가 잠시 환자가 나간 사이에 말을 걸었다.

"선생님, 실은 지난주부터 아내와 매일 밤 다퉈서 피곤합니다. 아내는 여기서 더 이상 못 살겠다며 더 큰 도시와 병원으로 가고 싶어 합니다. 분명히 여기 계속 있기로 했는데 한계에 다다른 것 같아요. 결혼 전에는 몰랐던 아내의 이런 모습이 당황스럽습니다. 다른 가정도 이런 문제가 있나요? 저는 어떻게 해야 하나요?"

큰일이다. 닥터 아메마저 다른 곳으로 가면 안 된다. 마침 다른 환자가 진찰실로 들어와 대화는 중단되었다. 환자를 진찰하는 닥터 아메 뒤에서 두근거리는 마음을 누르며 기도했다. 하나님께서 사랑하시는 아메에게 무슨 대답을 해줘야 할지 혼란스러웠다. 하루 일과를 마치고 진료실에 둘만 남았을 때, 천천히 대화를 시작했다.

"닥터 아메, 이런 문제는 당신 가정만 있는 게 아닙니다. 나를 포함한 모든 사역자들이 공통으로 고백하는 어려움이지요. 어떤 사역자는 이런 말도 했어요. 힘든 하루를 마치고 집에 돌아와 쉬고 싶은데 그때부터 이야기하길 원하는 아내와 대화하기가 십자가에 못 박히는 것 같은 고통이라고요."

나는 스리랑카 목회자인 아지드 페르난도의 책에 나온 말을 인용했다.

"그럼에도 불구하고 아내의 말은 충분히 들어줘야 합니다. 이 세상에서 당신만이 할 수 있고 당신이 해야 하는 일입니다. 분명히 하나님께서 아내를 통해 주시는 말씀이 있을 거예요. 아내와 함께 기도하면서 주님의 음성을 구하고 함께 갈 길을 정하길 바랍니다. 어려운 병원 사정, 사역 확장, 배움의 기회가 있더라도 그것들을 아내보다 앞

세워서는 안 됩니다."

"조언에 감사드립니다."

닥터 아메는 고맙다고 했지만 표정은 혼란스러워 보였다. 그리고 일주일 후 병원에 사직서를 냈다.

"제가 이제껏 아내 말을 잘 듣는 사람인 줄 알았는데, 닥터 리의 조언을 듣고보니 정말 진지하게 들은 적이 없었다는 걸 깨달았어요. 고맙습니다."

그렇게 닥터 아메는 떠났다. 친지들이 사는 다른 도시의 선교병원 에서 일할 예정이라고 했다.

'아, 남의 속도 모르고!'

한동안 마음이 힘들었다. 말은 멋있게 했는데 솔직히 이런 결과를 기대한 것은 아니었다. 이제 누구에게 마음을 붙이고 일할 수 있을 까? 밀려오는 외로움과 불안함을 주체할 수 없었다.

> 우리의 근대 세계에서는 다른 사람들을 바라볼 때 그들을 외적인 객체로 보지 않고, 정신적 측면과 행동적 측면에서 우리의 이야기에 속한 인간 가족의 일원, 곧 살아 있는 인격으로 보는 것이 아주 어렵다. 사람들을 사랑하는 일은 이보다 더 어렵다. 그들을 우리의 사업에 이용할 수 있는 사람들로 보지 않고, 그들 개인에 관심을 갖고 무조건 그들에게 헌신하는 것은, 그들이 우리에게 줄 수 있는 무언가가 있어서가 아니라 그들도 하나님의 형상으로 창조된 우리의 자매요 형제이기 때문이다.[12]

쓸쓸한 마음이 들었다. 하지만 사랑하는 닥터 아메를 위한 최선의 조언이었으므로 받아들이기로 했다. 그는 지금 케피연방정부 병원의 가정의학과 과장이 되어 수련의들을 가르치고 있다.

토요일 오전, 병원에서 응급 연락이 왔다. 새벽에 교통사고로 입원한 환자가 왼손이 뒤틀려 있고 오른쪽 골반이 심하게 부서졌는데 어떻게 할지 모르겠다고 한다. 전화를 긴 의사는 닥터 누지였다. 평온한 주말이고, 나는 당직도 아니지만 누지가 말하면 도와주러 가야 한다.

나이지리아에서 가장 의미 있는 사역을 꼽으라면 가정의학과 의사 수련이다. 빙햄병원은 나이지리아 최고의 가정의학과 수련병원이다. 외과 수련 의사로서 레지던트들을 가르치다보면 아주 탁월한 의사들을 만난다. 하나를 가르치면 열을 아는 사람이다. 그러나 열을 가르쳐도 하나 따라오기 힘들어하는 사람도 있다. 이런 레지던트가 오면 교수진도 외래도 병동도 수술방도 다들 긴장한다. 수련 책임 의사에 따르면 현재 12명의 수련의 중 2명은 우수, 7명은 보통, 나머지 3명은 평균 이하라고 한다. 닥터 누지는 마지막 3명 중 하나다. 요즘 누지는 외과에 있다. 지시한 수술 상처 부위의 소독도 해놓지 않아 뒤치다꺼리를 하다보면 불평이 터진다.

'내가 이런 것까지 하러 여기까지 왔나?'

순간 들리는 주님의 음성이 있다.

"그래 맞다. 너는 이런 것까지 하러 왔다."

잘하는 사람은 굳이 돕지 않아도 잘한다. 하지만 정말 나를 필요로 하는 사람은 못하는 사람이다. 이들을 가르치기란 힘들고 재미없다. 솔직히 어디 가서 나한테 배웠다고 할까 봐 무섭다. 그렇기 때문에 더 자극하고 기회를 주고 가르쳐야 한다.

닥터 누지가 전화로 문의한 환자는 심한 골절과 탈구가 왼쪽 손목과 오른쪽 골반에 있었다. 우선 마취하고 탈구된 부위를 원위치시켜 깁스와 견인장치를 만들어 치료했다. 닥터 누지에게 처음으로 손목골절 치료, 고관절 탈구 정복, 견인장치 치료를 직접 해보게 했다. 느린 사람을 가르치느라 시간을 많이 잡아먹어 토요일 오전을 모두 썼다.

닥터 누지에게 기회를 주길 참 잘했다. 나는 언젠가 떠나겠지만 닥터 누지는 나이지리아에 계속 남아 환자들을 돌봐야 하지 않는가. 닥터 누지는 수련을 마치고 아다마와주 정부 병원에 취직했고, 지금은 병원장이 되었다.

함께 기다리는
고통

아프리카의 무의촌 지역에는 혼자서도 가능한 한 많은 분야를 치료할 수 있는 의사가 필요하다. 그래서 나이지리아 가정의학과 프로그램이 탄생했다. 여기서 가정의학과 의사가 되면 일반적인 내과, 소아과 치료는 물론 분만과 산부인과 수술에 어지간한 개복 수술도 한다. 빙햄병원은 수술을 잘 배울 수 있는 곳으로 유명하다. 기본적으로 내원하는 모든 외과 환자를 가정의학과 레지던트의 책임 아래 두고 외과 선교사와 선배가 가르치며 일한다. 잘만 하면 수련 기간 동안 자신의 한계를 마음껏 넓혀갈 수 있다. 빙햄병원이 월급도 짜고 일은 많아도 수련의들이 많이 오는 이유다.

지난주 외과 수석 수련의로 들어온 닥터 올라우미 때문에 요즘 외과 치료가 말이 아니다. 외과가 처음도 아니고 2년 넘게 병원에서 일했다는데, 오늘 일정이 잡힌 하지절단 수술을 못 하겠다고 한다.

보통 그 정도 경력이면 아래 연차들과 인턴을 가르쳐야 하는데 말이다. 내가 수술방에 조수로 들어가 닥터 올라우미를 가르치며 절단 수술을 진행했다. 어디를 잘라야 하는지, 심지어 칼을 어떻게 쥐는지도 몰라 계속 야단치다가 내가 먼저 지쳐버렸다. 마취 간호사의 말로는 닥터 올라우미가 당직 설 때, 외과 환자가 오면 다른 의사들에게 넘기고 사라진다고 한다.

개인만을 탓할 수는 없다. 각과 전문의 때문에 가정의학과 의사에게는 수술을 허락하지 않는 병원이 점점 많아지고 있다. 열심히 수술을 배워도 결국 외래 진료만 하는 가정의학과 선배들을 보면 굳이 외과 수술을 배울 필요성을 느끼지 못하는 것이다. 전문진료 체제로 가는 것은 좋지만, 문제는 나이지리아의 외과 의사 수가 인구에 비해 턱없이 부족하다는 데 있다. 2014년 나이지리아 전체에서 배출된 외과 의사는 백 명 정도다. 이 숫자는 산부인과를 제외한 모든 외과 전문의(일반, 흉부, 신경, 정형, 비뇨기, 이비인후, 성형 등)를 포함한다. 일반적인 외과 질환을 감당할 의사가 필요한데 의료 방향은 반대로 가고 있다. 여기에 힘든 과를 기피하는 신세대 의사들의 경향까지 겹쳐 외과의 미래는 밝지 않다.

이럴 때는 하지 말아야 할 일과 해야 할 일을 구분해 지키려고 노력한다. 닥터 올라우미가 외과에 관심이 없어 못하는 것에 불만을 갖다가 인간관계까지 틀어지지 말고 내가 더 일하며 가르치면 된다. 앞으로 두 달간 고생은 하겠지만, 그렇게 뿌린 씨앗이 어떻게 싹이 날지는 주님께 맡긴다. 닥터 올라우미는 수련을 마치고 카두나 지역의 병원장으로 스카우트되었다.

　집에서 가져온 커피를 마시며 다음 수술을 기다리고 있었다. 외과 병동 수간호사 마가지가 할 말이 있다며 들어왔다. 화가 났는지 얼굴이 붉어져 있었다.

　"닥터 리, 주치의가 환자 기록을 남기지 않아 혼란을 겪었어요. 수련의들에게 주의를 주셔야겠어요."

　의사가 환자 기록을 남기는 것은 분명 중요한 일이다. 그러나 경험상 이런 경우에는 겉으로 드러난 사건 뒤에 또 다른 이야기가 숨어 있기 마련이다.

　"당사자들끼리 만나 서로 이야기해보고, 그래도 문제가 해결되지 않으면 나와 다시 상의하는 게 어떨까요?"

　나의 제의를 마가지는 거절했다.

　"간호사와 병동은 아무 문제가 없어요. 닥터 리가 말하세요."

　결국 대화는 평행선을 그으며 각자 이야기하는 것으로 마쳤다.

　하루종일 마음이 무거웠다. 그냥 알았다고 하고 넘기면 되는 걸 괜히 서로 감정만 상한 것 같았다. 속상했다. 나는 다만 제3자의 입장에 머물기를 원했을 뿐이다. 현지 의사와 간호사 사이의 싸움 같은 일에 말려들지 않고 쏙 빠지는 것이다. 그런데 다음 질문이 들려왔다.

　"너는 왜 고통의 땅에 와서 고통받지 않으려 하느냐?"

저녁 산책을 나갔다. 신선한 바람 속을 천천히 걸으면서 마음을 비워냈다. 갑자기 주위가 깜깜해졌다. 전기가 나갔다. 분명 매일 오가는 집, 나무, 길인데 한 걸음도 내디딜 수 없었다. 친숙했던 주변이 도무지 알 수 없는 검은 형상으로 돌변해 무섭게 나를 노려보는 것 같았다.

'아프리카에서 병원을 운영하는 것이 무슨 의미가 있을까? 처음 도착했을 때나 몇 년 지난 지금이나 달라진 것이 없는데.'

그러나 잠시 서서 기다리면 무수한 별들이 쏟아지며 그 희미한 빛에 눈이 열린다. 셀 수 없는 광년의 시간을 달려온 겸손한 빛이다.

현지인들을 사랑하고 섬기기 위해 온 선교사지만, 어둠 속에 홀로 있을 때가 있다. 친절했던 동료들이 교활하고 게으르고 도둑인 데다가 나를 이용해 먹으려는 사람으로 보이는 순간이다. 그럴 때 나를 비추는 것은 젊은 인턴과 레지던트다. 나이지리아 전역에서 온 이들은 빙햄병원이 월급은 짜고 일은 정말 많이 시킨다는 사실을 알고도 온 청년들이다. 물론 실수도 하고 능력이 떨어지는 사람도 있지만, 1-2년을 함께하다보면 실력이 늘어간다. 낙후된 시스템 속에서 더 배우기 위해 남들보다 일찍 일어나 회진을 준비하고, 소독을 미리하는 의사, 수술할 때 기회를 더 달라고 요구하는 의사들도 있다. 그들이 빙햄병원에서 수련받고 정부 병원이나 다른 병원으로 가면 그곳에서 알게 모르게 차이를 만들어낸다. 간호사와 행정 직원들도 마찬가지다. 이들이 어둠에 갇힌 내 마음에 빛을 던져주는 별들이다.

사람 사는 곳은 어디에나 비슷한 아픔과 갈등이 있다. 보통 선교지는 비교적 낮은 교육 수준, 불안정한 사회, 가난 등으로 삶의 어두운 부분이 더 적나라하게 드러난다. 선교사는 문제가 있으면 답을 주고, 곤란한 상황에서는 지시만 하고 적당히 거리를 두고 살면 좋겠는데 그렇게 쉬운 경우는 없다. 갈등과 아픔은 빨아들이는 흡인력이 대단해 가까이 있으면 휘말려 들어갈 수밖에 없고 고통이 뒤따른다. 나도 답이 없고, 하나님의 때를 기다리기가 힘들기 때문이다.

> 만일 사회가 타락했다면(어두운 밤이나 악취나는 생선처럼), 사회가 타락했다고 사회 탓을 하는 것은 어리석은 일이다. 그것은 인간의 악이 저지당하지 않고 억제되지 않을 때 생기는 일이다. 우리가 물어야 할 질문은 바로 이것이다. 교회는 어디에 있는가? 예수님의 소금과 빛은 어디에 있는가?[13]

타인을 끌어안는 것은 도박과 같다. 그 후로 무슨 일이 일어날지 아무도 모른다. 잘 듣고 공감하는 선교사, 도망가지 않고 같이 아파하며 해결해주지는 못하더라도 함께 기다리는 선교사가 되길 기도한다.

저의 기도는
특별합니다만

홍콩의 외과 교수 주디가 빙햄병원을 방문했다. 선교의 열정으로 나이지리아까지 온 아담한 키의 동양 여자 의사를 다들 궁금해했다. 주디는 두 주 동안 탁월한 강의와 겸손한 태도로 사람들의 사랑을 받았다. 함께 기도하며 나이지리아를 섬길 수 있는 일을 찾던 중 제대로 된 내시경실을 빙햄병원에 만들어보기로 했다. 놀랍게도 홍콩 사람들을 통해 20만 달러가 넘게 모금되었다. 나는 아프리카에서 처음 만난 홍콩의 크리스천 주디 교수를 보면서 중국을 움직이는 하나님을 경험할 수 있었다. 페덱스를 통해 20박스나 되는 최신 내시경 장비들이 병원에 도착했다. 다섯 명의 나이지리아 의사들이 내시경 연수에 함께하기로 했다.

　그러나 나이지리아 쪽의 준비는 부진했다. 한 달 전부터 결정된 내시경실의 내부 공사는 언제 마칠지도 모르고, 연수에 참여하기로 한 의사들도 적극적이지 않았다. 아마도 사람들이 당장 죽을병도 아닌데 내시경 검사를 하러 올지 확신이 서지 않았기 때문일 것이다.

'이게 누굴 위해 하는 건데?'

묵상하면서 답답한 마음을 가라앉혔다.

'이 일은 나이지리아 사람들을 위한 것도, 나를 위한 것도 아닌, 오직 하나님의 영광을 위해 해야 할 일이지.'

연수의 성패보다 하나님의 영광이 드러나는 것이 중요했다. 그렇다면 환경에 상관없이 최선을 다하고 하나님의 인도하심을 겸손히 기다려야 한다.

다시 나이지리아를 방문한 주디 교수는 두 주 동안 의사와 간호사들에게 24건의 위·대장 내시경 교육을 진행했다. 불행하게도 마지막 날 위 내시경이 소독 중에 망가졌다. 내시경에는 세 개의 버튼이 있다. 이중 공기와 흡입 버튼은 분리하여 소독할 수 있지만, 사진 찍는 버튼은 장비와 일체형이라 분리가 불가능하다. 그런데 누군가 이것을 억지로 빼려다가 부러뜨렸다. 홍콩에서 나이지리아까지 장장 11,124킬로미터를 날아온 장비를 겨우 두 주 사용하고 수리를 위해 도로 보내야 했다.

"이것이 나이지리아의 현실입니다. 그래도 선택의 여지가 없습니다. 계속 시도하는 수밖에요."

우리는 허탈한 마음을 달랬다. 한 달 후, 이번에는 대장 내시경이 망가졌다. 주디 교수가 떠난 후 겨우 여덟 번 사용했다. 기가 막혔다. 올해 내시경실을 만들어보겠다며 귀한 헌금을 가지고 그토록 애썼는데 두 달도 못 버티고 말았다.

내시경 프로젝트를 시작하기 전, 가장 고심한 것이 현지 의사들 가운데 누구를 핵심 인물로 훈련시킬 것인가 하는 문제였다. 닥터 우도쿠는 그렇게 추천된 가정의학과 의사다. 함께 내시경실을 만들고 해외연수 기회가 오면 우선순위로 가기로 했다. 그런데 닥터 우도쿠는 일단 시작한 일은 잘하는데, 종종 약속 시간에 늦고 필요할 때 연락이 되지 않았다. 이런 일이 반복되다보니 해외연수를 주선하려던 주디 교수도 닥터 우도쿠는 안 되겠다고 포기했다. 새로운 내시경 기술을 배우는 기회도, 연수 기회도 모두 잃고 있는 닥터 우도쿠를 보면 답답했다. 대안은 없었다. 그나마 우도쿠가 병원을 떠나지 않고 남아 있는 유일한 젊은 의사였다.

셔우드 링겐펠터 풀러신학교 교수는 그의 저서 『타문화 사역과 리더십』[14]에서 'be responsible for'와 'be responsible to'를 구분해 설명한다. 전자는 'A가 B를 책임진다'는 뜻이다. 반면에 후자는 'B에 대해 A가 책임 있는 행동을 한다'는 뜻이다. 저자는 어려웠던 딸과의 관계를 고백하며 자신이 딸을 책임져야 한다고(for) 생각했었는데, 그것을 딸에 대해 책임 있는 행동을 하는 것(to)으로 바꿔야 했다고 말한다. 책임지는 것(for)은 감정적으로 밀착되어 내가 힘을 가지고 좋은 결과를 만들려고 상대를 조종(control)하는 것이다. 반면, 책임 있는 행동을 하는 것(to)은 상대를 독립된 인격으로 존중하며 지지하기 때문에 감정적으로 분리되고 상대에게 선택권을 주게 된다.

선교사도 마찬가지다. 나는 닥터 우도쿠를 책임질 수 없다. 내시경 기술을 배우고, 해외연수를 갈 수 있도록 선택하는 것은 자기 자신이다. 여러 번 실망하더라도 나는 하나님을 신뢰하고 닥터 우도쿠를 존중하며 그에게 계속 기회를 주어야 한다. 그것이 내가 할 수 있는 책임 있는 행동이다.

요란하게 돌아가던 공항 수하물 컨베이어 벨트가 멈추었다. 승객들이 모두 자기 짐을 챙겨 떠난 입국장은 적막했다. 나는 카트에 가방을 싣고 홀로 남았다. 가방 안에는 나이지리아에서 꼭 필요한 의료 장비가 들어 있었다. 한국에서부터 병원 사람들이 얼마나 좋아할지 설레면서 왔는데, 입국 심사에서 비자 서류가 잘못되었다고 이민국 결정을 기다리는 처지가 되었다. 항상 정해진 규칙에 따라 같은 서류를 준비하는데 이번에는 왜 문제 삼는지 모르겠다.

"당신을 왔던 곳으로 돌아가게 할 수 있습니다."

이민국 관리가 엄포를 놓았다.

"그렇다면 공식 서류를 주세요."

나의 요청에 관리들은 서로 모여 수군댔다. 나는 하나님의 인도하심과 지혜를 구하며 조용히 앉아 있었다.

'돌아가라고 하면 돌아가야지. 이것도 선교사 삶의 일부니 받아들여야지.'

준비 중인 내시경 연수도 걱정이지만, 조스에서 기다리는 아내와 아이들에게 미안했다.

공항 직원 한 명이 다가왔다.

"당신 혼자 남았는데 세관 통과가 어려울 것 같습니다."

그가 세관원들을 가리켰다. 그들은 한가히 나를 바라보고 있었다.

"내가 쉽게 통과되는 방법을 알고 있는데……."

나의 가방 네 개 중 두 개에는 의료기구들이 들어 있었다. 트집 잡으려고 마음먹으면 끝도 없을 양이었다. 나는 공손히 대답했다.

"죄송합니다. 저는 선교사입니다. 세관들은 그분들의 일을 해야지요. 제 가방의 내용물에 문제가 있다면 적법한 나이지리아 절차에 따르겠습니다."

공항 직원은 당황한 눈치였다. 잠시 후, 여권은 압수당하고 대신 증빙서류를 받았다. 이제 조스에 가서 SIM 본부에 있는 외국인 거주증을 가져와야 여권을 돌려받는다. 허탈한 마음으로 이민국 사무실을 나와 아내와 통화하다가 차후 상의를 위해 필요한 전화번호가 서류에 없다는 것을 알았다. 다시 이민국에 가서 사무원에게 말하니 당연히 전화번호가 있어야 한다며 따라오라고 한다.

'과연 이 사람들이 전화번호를 줄까?'

나의 우려대로 이민국 관리들은 서로 자기 전화번호 적는 것을 싫어했다. 결국 처음부터 나의 비자에 문제를 제기한 관리의 전화번호를 받았다. 그가 나를 데리고 간 공항 직원에게 화를 냈다.

"네가 뭔데 저 사람 편을 들어 이런 걸 돕나?"

그렇게 이민국을 나와 다음 관문, 네 명의 세관원이 조사하는 방으로 들어갔다. 이제 무조건 선택되는 가방은 열어야 한다.

'압류당해도 할 수 없지만, 주님!'

내가 갖고 들어온 네 개의 가방 가운데 지목받은 두 개를 열었다. 한국 과자와 아이들의 장난감이 가득 들어 있는 가방이었다.

세 시간 만에 나온 공항 밖은 쏟아지던 소낙비가 그쳐 선선했다. 주차장까지 따라와 짐을 건드리는 사람을 말리며 가방들을 차에 실었다. 여권은 열흘 후에 찾았고, 가져온 의료 장비로 내시경 연수가 진행되었다.

한번은 공항에서 14개의 가방을 카트 네 대에 나눠 싣고 나가는데, 역시나 세관이 나를 검색실로 안내했다. 긴 철제 테이블이 놓여 있는 방이었다. 세 명의 세관원들 앞에 섰다. 무슨 일을 하는지, 어떤 물건이 들었는지 내게 질문했다.

"이 사람이 의사래."

세관 검사원이 한 명 더 붙었다. 그러더니 가방 하나를 지목했다. 옷, 신발, 책, 과자가 나왔다. 직원 한 명이 다가왔다.

"이 가방들 안에 음식도 있고 문제 삼을 것이 많은 줄 아는데, 내게 뭘 줄 거요?"

이럴 때 정중하게 대답하면 보통은 웃으며 보내주는 말이 있다.

"저는 선교사입니다. 당신을 위해 기도하겠습니다."

그런데 분위기가 싸해지며 그 직원의 얼굴색이 변했다.

"기도는 누구든 할 수 있소. 내게 뭘 줄 수 있냐니까?"

순간 심호흡을 하며 지혜를 구했다.

"저의 기도는 특별합니다."

직원이 뜨악한 표정으로 나를 쳐다보았다.

"저는 나이지리아 조스에서 10년을 지낸 선교사입니다. 그래서 특별한 기도를 합니다."

조스가 어떤 곳인지 나이지리아 사람들은 다 안다. 직원이 허허 웃으며 말했다.

"가보세요."

약함으로
싸우는 법

병동 안에 긴장이 고조되고 있었다. 하지만 환자의 안전을 위해 나는 그냥 넘어갈 수 없었다. 용기를 내 조용하지만 분명하게 말했다.

"아니, 나는 동의하지 않습니다. 환자에게 그 수액을 줘서는 안 됩니다."

곧바로 닥터 가로디가 소리치기 시작했다.

"당신은 열대의학에 대해 아무것도 모르고 책도 읽지 않는 사람이야. 앞으로 당신의 치료 행위를 하나하나 관찰해 어떤 문제라도 생기면 바로 나이지리아의사협회에 고발해 법정에 세울 거야."

함께 있던 열여섯 명의 환자와 그들의 보호자들, 세 명의 간호사, 두 명의 레지던트, 한 명의 인턴 사이에 적막이 흘렀다. 닥터 가로디는 자기가 원하는 대로 환자에게 수액을 준 후 나가버렸다.

문제의 발단은 이렇다. 내가 보고 있는 외과 환자에게 성형외과 의사인 가로디가 중심정맥용 수액을 말초정맥용으로 주기를 고집한 데서 일이 시작되었다. 이렇게 하면 혈전정맥염이 발생할 것을 알고 있는 다른 레지던트가 경고했다. 이유를 설명하고 다시 확인해 결정하자고 권유했는데도 소용없었다.

공개적으로 모욕당한 뒤, 나는 애써 태연한 척 남은 회진을 돌고 외래를 시작하기 위해 자리에 앉았다. 이미 소문을 전해 들은 외래 간호사들이 방문 너머에서 말하는 소리가 들렸다.

"나이지리아 사람은 참 나빠."

이런 상황이 싫고, 이렇게 무시당하는 내 처지가 불쌍했다. 일방적으로 당해 분하고 억울했다.

'이제 떠날 때가 된 건가?'

좌절감이 밀려왔다.

바로 환자를 볼 수 없어 그냥 휴대폰 이메일 창을 열었다. 마음속에 치미는 분노를 배출할 통로가 필요했다.

"잘 지내려면 무지하게 기도해야 한다고 주님이 말씀하십니다."

연한풀피부과 홍성호 원장님에게서 짧은 메일이 와 있었다. 평소에 연락도 잘 안 하던 분의 기막힌 타이밍이었다.

"네가 버림받은 것이 아니란다. 내가 보고 있다."

하나님의 속삭임으로 들렸다.

일을 마치고 집으로 터덜터덜 걸어갔다. 집 앞에서 놀던 다섯 살 꼬마 여자아이가 나를 보자마자 달려왔다. 그리고 아무 말 없이 내 다리를 꼭 끌어안고 가만히 있었다. 울컥했다. 한번 말해서 안 되니까 이번에는 아이를 통해 하나님께서 품에 안아주시는 것 같았다.

"괜찮아……괜찮아……."

여자아이는 레지던트 아데칼라의 딸 그레이스였다. 그레이스가 나를 안아준 것은 그때가 처음이자 마지막이었다.

선교에 양면성이 있음을 가르쳐준 분은 인도네시아에서 만난 김익배 선교사님이다. 선교라고 하면 불쌍한 사람들을 도와주고, 전도하고, 치료하고, 감사하는 것만 떠올리는 나에게 다른 면을 보여주셨다. 바로 현지인들에게 무시당하고, 배신당하고, 협박당하는 선교다.

"여기서 중요한 것이 있어요. 선교사는 잘 싸워야 합니다. 마음을 단단히 먹고 피하지 말고 수위 조절을 해야 합니다. 나약하면 아무것도 못하고, 적극적으로 싸우면 결국 현지인에게 이길 수 없어 극단적인 상황에 처하게 됩니다."

당시 김익배 선교사님은 한때 가장 좋은 동역자였던 현지의 전 도지사에게 이런 어려움을 당하고 있었다.

닥터 가로디는 병원장과 의대 학장에게 불려가 경고를 받았다. 그렇지만 이 사건 이후로 나의 병원 활동은 위축되었다. 가로디의 말은 그냥 넘겨도 되는 경우가 아니었다. 그가 이전에 근무했던 병원에서는 폭행 위협 사건까지 있었다고 한다. 의료 선교가 배움을 거부할 뿐 아니라 의료행위를 감시하고 고발하는 현지인과 함께 일하는 것인 줄은 꿈에도 몰랐다. 지난 1년간 까칠한 성격을 참아주고 격려했던, 이제 막 전문의가 된 현지 의사에게 협박받는 것인지도 몰랐다.

매일 아침 병원에 가기 전, 거울을 보며 마음을 단단히 먹었다.

'이 어려움을 피해서는 안 되고, 그렇다고 맞서 싸워서도 안 된다.'

두 주에 한 번 돌아오는 의사 성경공부 모임이 있다. 매번 주제가 바뀌는데, 그날의 주제는 '병원에서 일하며 만난 의미 있는 순간'이었다. 치료하던 환자를 전도한 이야기, 보호자에게 인정받은 이야기, 자살을 고민하는 소녀와 기도한 이야기 등이 나왔다. 이윽고 내 차례가 되었다.

"글쎄요, 나는 돕겠다고 선교사로 왔는데 그다지 도움이 되는 것 같지 않고 뭘 하고 있는지도 모르겠네요."

솔직한 심정이었다. 레지던트 아데딩바가 말했다.

"선생님은 우리에게 보여주셨습니다. 가장 무시당하고, 이유 없이 공격받는 순간에도 침착을 잃지 않으셨어요. 맞받아쳐 더한 것으로 갚을 수도 있는데 그렇게 하지 않기로 선택하고 참으셨습니다. 저 같으면 절대 가만 있지 못했을 겁니다. 하나님의 영이 붙들고 계셨어요. 그 모습에서 배운 점이 많습니다."

그동안 가르쳤던 많은 수술도, 치료도, 강의도, 프로젝트도 아니었다. 주님은 내가 가장 약할 때 더욱 귀하게 사용하셨다.

집에서 가정예배를 드렸다. 오늘 말씀은 출애굽기 4장, 모세를 부르시는 하나님이었다. 하나님은 모세의 지팡이같이 그가 이미 가지고 있는 것을 통해서도 일하시지만, 말이 둔한 그의 단점을 통해서도 일하셨다. 산지가 질문했다.

"잘하는 걸 통해 일하시는 건 알겠는데, 어떻게 못하는 걸로 하나님의 일을 하시나요?"

무슨 대답을 할 수 있을까, 잠시 고민했다.

"산지야, 아빠가 여기서 선교사로 살고 있는데 아빠가 제일 못하는 약점이 뭘까?"

아들이 망설임 없이 대답했다.

"영이요."

"그래, 아빠는 나이지리아에서 몇 년 넘게 살면서 영어를 잘 못해 때로는 창피하고 힘들단다. 그런데 오히려 영어를 못하는 덕분에 말을 적게 하고, 상대방의 말을 더 듣게 되고, 말하기 전에 한번 더 생각하고 기도할 수 있어. 하나님은 이렇게 아빠의 부족함도 사용하신단다."

"저는 영어도 한국말도 잘 못해요."

"그래. 그리고 수학과 과학은 잘하는데 운동은 못하지. 지금은 잘 이해할 수 없겠지만 산지가 못하는 부분이 있기 때문에 더 많은 것을 배우게 될 거야. 잘하는 것은 더 열심히 하고, 못하는 것은 하나님의 도움을 구하면서 가면 된단다. 나중에 완벽한 인격자는 될 수 없을지 몰라도 하나님을 사랑하고 이웃을 사랑하는 사람은 될 수 있을 거야."

그렇게 아들과 나 자신에게 하는 말로 대화를 나누었다.

가나에서 사역했던 SIM 한국대표 김경술 선교사님도 가로디 소식을 받고 이런 답장을 보내셨다.

"선교란 다른 나라에 가서 복음을 전하는 것이라는 치기 어린 마음으로 처음 선교지를 밟던 날을 기억합니다. 그 생각이 깨지는 데는 그리 긴 시간이 필요치 않았어요…… 죽어가는 아이를 앞에 놓고 자신은 비번이라며 외면하던 의사, 선교사가 입원시킨 아이를 입원비 환불을 받으려고 억지로 퇴원시켜 죽음으로 몰아간 어리석은 엄마, 심한 화상으로 위독한데 민간요법을 고집한 원로들이 막아 결국 죽은 할머니. 이 모두가 무기력함에 치를 떨어야 하는 우리네 상황이지요. 무시당하고, 배신당하는 선교사의 모습. 아, 우리가 그렇게 주님을 닮아가는 걸까요? 하지만 혼자가 아니라는 사실에 감사합니다."

닥터 가로디는 거의 모든 병원 직원들과 불화했다. 자존심 강한 그는 싸우면 이겼다. 그리고 외톨이가 되었다.

세월이 흘렀다. 그는 빙햄병원 말고도 자기 병원을 함께 운영했다. 어느 날, 그의 개인병원 간호사에게 연락이 왔다.

"닥터 가로디가 며칠 동안 병원에 안 나오는데 빙햄병원에는 나오나요?"

아무도 그에게 관심이 없어 그가 병원에 있는지 없는지도 몰랐다. 개인병원 간호사가 그의 집을 찾아갔다. 현관문이 잠겨 있어 창문으로 들여다보니 닥터 가로디가 거실에 쓰러져 있었다. 뇌출혈이었다. 혼자 살다보니 닷새나 지나 발견된 것이다. 시간이 너무 오래 지체되었다. 그는 반신불수가 되었다.

나는 그의 집으로 병문안을 갔다. 그가 힘겹게 낡은 소파에서 일어나 손을 떨며 인사했다.

"부디 나를 잊지 말아주세요."

그도 사랑받고 싶은 가여운 영혼이었다.

몇 년 동안 선교사로 있으면서 말도 안 되는 소송에 걸리고, 무시받고, 모욕까지 당했다. 하지만 그때를 잘 넘기면 큰 은혜를 경험하는 기회가 된다는 것도 알았다. 제랄드 메이는 그의 책 『영혼의 어두운 밤』[15]에서 이렇게 말한다.

어두운 밤을 경험할 때마다 우리는 선물을 받게 됩니다. 우리는 전보다 더 자유롭고, 좀 더 쓸모 있고, 좀 더 동정적이며, 좀 더 감사할 줄 아는 사람이 됩니다…… 하지만 그것들은 어두움이 지나간 다음에야 비로소 우리에게 도착합니다. 새벽과 함께 다가오는 것입니다.

6장
우린 마음을 흔들 것입니다

우리는 핍박이 무엇인지 압니다.
그 핍박이 어떠한 결과로 이어지는지도 압니다.
이슬람과 만날 때는 오직 사랑만이
다름을 보여줄 수 있습니다.
가족이 나에게 어떻게 대했든지 간에
사랑하는 모습을 보여줘야 합니다.

아우두

응급환자가
몰려옵니다

아침 7시 43분. 당직 보고 중 문자가 왔다.

"응급환자가 몰려옵니다."

바로 수술방으로 달려갔다. 환자 세 명이 누워 있고, 레지던트 오 누웨가 그 사이에서 뛰어다니고 있었다. 한 사람은 얼굴과 오른 다리에, 두 사람은 팔 위에 대충 얹어놓은 거즈 위로 피가 배어났다.

"응급실에 네 명이 더 있습니다."

가보니 이미 한 사람은 흰 천으로 덮여 있었다. 죽었다는 뜻이다. 나머지 세 명은 팔과 다리를 다쳤다. 모두 젊은 남자들이고 총상이었다. 오늘 상처 소독과 정형외과 치료 환자가 많아 고생하겠지만, 그나마 응급수술을 요하는 복부 손상 환자가 없어 다행이었다.

26세 남자 A는 오른 손목 관통 총상이었다. 엄지 손상이 심한데 뼈는 많이 부러지지 않았다. 진행되는 소독을 둘러서 있는 학생들이 관심 있게 지켜보고 있었다. 내가 질문했다.

"얼마나 많은 양의 물로 소독해야 할까?"

학생들이 대답했다. 100cc, 500cc, 150cc…….

정답은 4리터 이상이다.

23세 남자 B는 오른 상완과 하완에 관통상을 입었다. 신기하게 두 총알이 모두 뼈를 비켜갔다. 맥박은 잘 잡힌다.

"다음에 무엇을 체크해야 할까?"

레지던트 빅터가 우물쭈물 대답하지 못했다. 나는 손으로 가는 세 군데 신경과 각각의 검사법에 대해 가르쳤다.

22세 남자 C는 총알이 오른 어깨 관절을 관통하며 뼈에 금이 갔다. 주사기를 가지고 총알 구멍으로 물을 쏘아 깊은 곳까지 소독한 후 반깁스를 했다. 번거롭더라도 깁스를 해 상처가 움직이지 않게 하는 것이 초기 치료과정에 중요하다는 점을 강조했다.

28세 남자 D는 가장 많이 다쳐 이미 수혈 중이었다. 가슴과 다리 총상이다. 가슴은 관통상이 아니어서 소독만 하면 되는데 대퇴골 골절은 심각했다.

"오른 허벅지가 왼쪽보다 두 배 이상 부풀어 오르고 하지에서 맥박이 잡히지 않습니다."

그렇다면 혈관 손상이고 이는 응급수술을 의미한다. 하지만 내가 직접 만져보니 약한 맥박이 느껴졌다. 우선 견인치료를 시작했다. 레지던트 칭요는 처음으로 쇠를 정강이뼈에 박고 정형외과 브라운 스프린트를 설치하고 무게 추 연결하는 법을 배웠다. D는 치료 후 다리

길이가 같아지고 맥박도 정상으로 돌아왔다.

23세 남자 E는 두 군데에 총상을 입었다. 하나는 왼쪽 볼을 관통해 아래 턱에 박혔고, 하나는 오른 팔꿈치를 박살냈다. 하악 총상은 호흡에 문제가 없어 치과 치료를 기다리기로 했다. 오른 팔꿈치는 상처 소독을 했다.

"피 나는 부위가 지혈되지 않는데 수술용 실로 꿰매도 됩니까?"

치료를 맡은 레지던트 마이클이 질문했다.

"많은 근육과 뼈가 손상된 경우에는 가능한 한 그대로 소독하는 게 좋아요. 꿰매다가 그나마 남은 혈관에 손상을 주게 되면 팔을 잘라야 할 수도 있습니다. 다행히 동맥 출혈은 아니니까 그대로 가만히 누르고 5분만 기다려봅시다."

내 조언에 따라 레지던트 마이클은 5분 후에 지혈을 확인하고 소독한 후 반깁스까지 무사히 마쳤다.

31세 남자 F는 왼쪽 대퇴부위 총상인데, 뼈는 정상이고 총알이 근육 안쪽에 박혀 있었다. 당장 급할 것은 없었다. 오늘은 상처 소독만 하고, 총알은 차후 수술을 준비해 제거하기로 했다. 긴 하루였다.

응급환자들은 조스에서 차로 20분 정도 떨어진 미앙고에서 벌어진 종족 간의 싸움으로 발생했다. 유목민 풀라니족과 정착민 일롱꽤족 사이의 갈등이다. 보통 정착민들이 일군 밭으로 유목민들이 소 떼를 몰고 지나가 농작물이 망가지는 것으로 싸움이 시작된다. 농작물이 망가지면 정착민들이 한해 동안 먹고살 일이 막막해진다. 유목민들은 조상 때부터 다니던 길이고 그 외 다른 길이 없다고 항변한다.

이번에도 유목민 풀라니족에게 죽임을 당한 네 명의 일롱괘족 장례식이 끝난 후, 화가 난 일롱괘족 청년들이 유목민 마을을 공격해 50채의 집이 불에 탔다. 군인들이 진압을 위해 출동했으나 청년들이 저항해 발포했다고 한다. 두 명의 군인이 죽었고, 23명의 민간인 희생자가 났다. 풀라니족 가운데 일곱 명이 불법무기 소지로 체포되었다. 그들은 군인들의 총보다 성능이 좋은 AK47을 소지하고 있었다. 해당 지역은 저녁 6시부터 아침 6시까지 통행금지가 선포되었다.

큰아들 산지가 생일을 맞이했다. 고등어구이와 미역국으로 조촐한 생일상을 차리고 당근케이크에 초 14개를 꽂았다. 산지의 생일 소원은 미국에 사는 작은아빠 엄마의 소포를 받는 것이다. 깜짝 선물을 담아 3주 전에 보냈다는데 아직도 연락이 없었다. 혹시나 하고 가본 우체국은 닫혀 있었다. 이틀 전부터 공공기관 파업이 시작되었다.

전기도 없이 침침한 저녁 시간 내내 비바람이 불었다. 양철 지붕을 때리는 빗소리를 외면하고 잠을 청하는데, 수석 레지던트 아마쿠에게 전화가 왔다.

"환자들이 몰려왔습니다. 도움이 필요합니다."

이번에는 병원에서 10분 거리 라피키 마을의 한 저명한 크리스천 가정에 무장 괴한이 들어 열 명의 가족 중 아홉 명을 살해하고 이웃들을 공격했다고 한다. 사상자들 가운데 열 명의 환자들이 빙햄병원으로 왔고, 그중 두 명은 응급실에서 사망했다.

수술실 안에는 피가 흥건한 세 명의 환자들이 누워 있었다. 23세의 여성은 가슴을, 16세 소녀는 어깨를, 4세 남자아이는 얼굴을 칼로 끔찍하게 난자당했다. 여러 정황으로 보아 풀라니 무슬림의 범행 같다고 했다.

수술실 문밖에서 한 건장한 청년이 이 처참한 광경을 뚫어지게 쳐다보고 있었다. 빗물이 뚝뚝 떨어지는 양손에는 큰 몽둥이가 꽉 쥐여 있었다. 그는 병원에서 자주 만나는 직원의 아들 곽크만이었다.

"너 화가 많이 났구나."

"그래요, 정말."

온몸으로 그의 분노가 전해졌다.

밤사이 추가 호출은 없었다. 다음 날 아내는 난민학교에서 수업을 하고, 나는 우물 입구 공사를 하기로 되어 있었다. 난민학교를 가려면 어제 참사가 일어난 라피키 마을을 지나야 한다. 현지인을 통해 상황을 확인하는데 본부에서 연락이 왔다. 라피키 마을 청년들로 시작된 성난 군중 시위가 빙햄병원과 시내 쪽으로 오고 있어 군인과의 충돌이 예상되니 이동을 자제하라고 했다. 학교 방문을 취소하고 곧바로 병원으로 갔다. 곧 총소리가 들리기 시작했다.

아침 8시 30분, 25세 청년이 실려왔다. 복부에 파고든 총알은 대장 두 군데를 뚫고 요추를 지나 등 뒤로 나갔다. 양다리를 움직이지 못하고 감각도 없었다. 인공항문 수술을 했다. 요추 손상은 어찌할 수 없었다.

11시 30분, 19세 여자가 우측 가슴에 총을 맞은 상태로 들어왔다.

닥터 우쉐가 수술에 들어갔다. 또 다른 총상 환자는 다른 의사가 회복실에서 흉관 삽관을 했다. 레지던트 빅터는 소독실에서 다리 총상 환자를 보고 있었다. 총소리는 계속 들려왔다. 병원 옆 교차로에는 많은 군중이 모였다. 수술실 간호사들이 자녀들에게 급하게 전화를 했다.

"지금 어디 있니? 싸우는 곳에 절대 가지 마라."

나도 본부 사무실에 간 아내와 통화해 학교에서 아이들을 데리고 일찍 집으로 오라고 했다.

오후 3시, 23세 청년이 칼에 찔려 장이 복부 밖으로 나온 채로 왔다. 수술을 준비하는데 마침 간호사가 나를 불렀다.

"길 가던 무슬림 청년인데 화난 크리스천 마을 청년에게 당했다고 합니다."

이 말을 들은 동료 의사 쉐후가 환자에게 다가가 사과했다. 우리는 함께 기도하고 수술했다. 다행히 내장이 다치지는 않았다.

저녁 6시, 통행금지가 발표되었다. 내일 아침 6시까지 아무도 못 다닌다. 환자도 더 이상 오지 않았다. 집에 돌아가 늦은 식사를 했다.

이틀간 총 30명의 부상자들이 빙햄병원으로 왔다. 총상이 17명이었다. 두 명은 죽어서 왔고, 다섯 명은 치료 중 사망했다. 무고한 크리스천 마을 지인들의 죽음에 화가 나 시위하던 젊은 청년들이었다. 토요일은 잠잠했는데, 주일 오후 시내에서 다시 크리스천과 무슬림 간에 충돌이 일어났다. 12명의 청년들이 다시 병원으로 실려 왔다.

월요일 아홉 명, 화요일 세 명, 수요일 세 명. 응급실로 부상자들이 꾸준히 들어왔다. 싸움 소식은 마을을 바꿔가며 계속 들려왔다. 간간이 총소리가 들리면 다들 긴장한 눈빛이다. 하지만 담장 밖으로 오가는 차량들의 소리는 여전했다. 내 친구인 정원사 피터가 이렇게 말했다.

"2001년 조스 사태 이후 갈등이 반복되다보니 사람들이 이제는 익숙해졌어요. 옆에서 싸우더라도 다른 쪽에서는 바쁜 하루를 이어가지요. 사람들은 계속 죽어나가지만 우리가 무엇을 할 수 있겠어요. 하나님만 바라볼 뿐이지요. 이것이 조스의 삶입니다."

한바탕 분노의 폭풍이 지나가고 아드레날린이 소진되면 한없이 작아지는 내가 남는다. 선교사의 꿈을 좇아가며 어느 정도 준비가 되었다고 생각했다. 문제는 죄, 해결은 예수님, 나는 의사. 하지만 나이지리아에 와서 내가 이해한 인간과 삶의 무게는 깃털처럼 가볍다는 걸 알았다. 이럴 때는 제자리로 돌아간다. 내 안에 그리스도가 거하시는가? 내 삶이 사랑에 뿌리박고 있는가?

"믿음으로 말미암아 그리스도께서 너희 마음에 계시게 하시옵고 너희가 사랑 가운데서 뿌리가 박히고 터가 굳어져서 능히 모든 성도와 함께 지식에 넘치는 그리스도의 사랑을 알고"(에베소서 3:17-18).

카노 가는
길

검문소의 총 든 군인은 항상 무섭다. 차를 세우고 다가온 군인은 열린 차창 틀에 건장한 팔을 떡하니 올리고 말했다.

"태양은 저기 쨍쨍하고 난 뜨거운 도로 위에 서 있다. 여기 이마에 땀 흐르는 거 보이나? 나에게 뭘 줄 거지?"

내가 살고 있는 조스에서 사하라 사막을 향해 북쪽으로 310킬로미터, 차로 다섯 시간을 달리면 카노에 도달한다. 출발하기 전 차를 정비하고, 등록증과 신분증을 챙기고, 무엇보다 오고가는 길에 치안문제가 없는지 SIM 본부에 확인했다. 최근 외국인 납치와 무장 강도 사건이 일어났지만 카노 가는 길은 괜찮다는 연락을 받았다. 카노까지 군인과 경찰이 지키는 11개의 검문소를 통과했다. 며칠 전 보코하람이 또 백여 명의 여고생을 납치하는 바람에 검문소 경계는 더욱 삼엄해졌다.

군인의 위협적인 말에 순간 경직되었지만, 이럴 때일수록 부드러운 미소로 응답해야 한다.

"수고에 감사드립니다. 저는 선교사입니다. 성함이 어떻게 되시는지요? 제가 목적지에 도착할 때까지 당신의 이름을 기억하며 기도하겠습니다."

군인은 어깨를 한번 으쓱했다. 놀랍게도 군인은 자신의 이름을 알려주고 통과시켜주었다. 무슬림이든 크리스천이든 토착 종교를 믿든 나이지리아 사람들은 근본적으로 하나님을 두려워하는 마음이 있다. 나는 이름을 알려준 군인 '이사야'와 '아지'를 위해 기도하며 카노의 ECWA 안과병원을 향해 달렸다.

카노는 인구 300만 명이 살고 있는 북부 나이지리아의 중심도시다. 일찍부터 사하라 사막을 건너온 카라반들을 통해 국제무역이 발달했고, 그와 함께 12세기부터 내려오는 이슬람 역사를 가지고 있다. 1890년대 카노를 방문한 탐험가 찰스 로빈슨은 하루에 2만 5천 명에서 3만 명의 방문객이 오는 도시의 규모에 놀랐다. 그리고 그 중심 사업인 노예시장의 규모에 더욱 놀랐다. 북부 나이지리아 인구의 3분의 1이 노예로 거래되는 '거대한 악의 그늘'이 드리워 있다고 그는 기록했다. 이 사실이 서구에 알려지면서 노예를 해방하고 돌보는 것으로 서부 아프리카 선교가 시작되었다. 그러나 이슬람 세력의 강한 저항으로 선교사들이 이 지역에 들어가는 것조차 쉽지 않았다.

닫힌 문을 연 것은 나병과 안과 치료를 위한 병원과 의료 선교였다. 현지인들이 꺼려하고 금기시하던 나병환자 치료소를 선교사들이 운영했다. 죽을 줄 알았던 나환자들이 살아나면서 치료소 주위로 기독교 마을이 형성되었다. 또 손도 써보지 못하고 실명으로 이어지던 안과 질환 치료를 위해 1943년 ECWA 안과병원이 세워졌다. 나병은 치료제 댑손의 개발로 치료소가 사라졌지만, 안과병원은 지금도 활발하게 운영되고 있다.[16]

카노는 섭씨 40도를 넘어가는 날씨로 화끈하게 우리를 맞아주었다. ECWA 안과병원은 175병상의 명실상부한 서부 아프리카 대표 안과병원이다. 아침 7시, 직원예배를 드린 후 일찌감치 도착한 환자들에게 번호표를 나눠 주는 것으로 하루가 시작된다. 진료 전, 무슬림이 대부분인 대기실의 환자들 앞에서 직원들은 찬양하고 복음을 간단히 전했다. 병원에는 두 명의 안과전문의 닥터 아티마와 닥터 이다코가 있다. 의사 한 사람이 하루에 150명 이상의 환자는 안 보려고 노력하지만, 지난 월요일 닥터 아티마는 165명의 환자를 보았다.

의사 한 명이 외래를 보고, 다른 한 명은 수술을 책임진다. 2018년 수술방 장부를 보니 두 명의 의사가 1월부터 2월 말까지 468건의 성인 안과 수술과 55건의 소아 안과 수술을 했다. 소아 수술은 CBM (Christian Blind Mission)이라는 단체에서 치료비를 보조하지만, 성인 수술은 환자가 비용을 낸다. 평판이 좋아 나이지리아 전역과 이웃 나라 니제르, 카메룬에서도 환자들이 온다. 덕분에 병원은 경제적으로 자립해 있다.

일흔 살이 넘은 캐나다 선교사 닥터 키루는 2007년까지 14년간 지금의 ECWA 안과병원과 병원장 아티마를 키우고 은퇴했다. 남부 나이지리아 델타주에서 온 1960년생 닥터 아티마는 20년 동안 이곳에서 진료하며 후계자 닥터 이다코를 키우고 병원을 발전시켰다. 또 다른 남부 나이지리아 코기주에서 온 1975년생 닥터 이다코는 새롭게 발전하는 병원을 위해 열심히 뛰고 있다. 그 곁에는 한국에서 온 선교사도 돕고 있다. 이슬람 무장단체의 테러가 가장 극심했던 2014년에는 현지인들도 살 수 없어 병원 폐쇄까지 거론되었지만, 지금은 나이지리아에서 가장 성공적이고 자립한 선교병원으로 발전했다.

병원장 닥터 아티마는 자신이 은퇴하기 전까지 지속적으로 발전하는 안과 선교병원을 만들기 위해 애쓰고 있다. 잘 운영되고 있는 백내장과 녹내장 클리닉에 이어 망막 클리닉을 세우려고 한다. 당뇨 등으로 시력을 잃어가는 사람들이 많으나 제대로 된 치료기관이 나이지리아에는 없는 실정이다. 2013년, 나와 함께 한국에 들어가 연수 받았던 닥터 노아는 다른 병원으로 떠났다. 2017년, 닥터 이다코가 이대 목동병원 김윤택 교수님 밑에서 연수를 받았다. 닥터 이다코는 아직 자신이 없고 장비가 부족해 간단한 시술만 하고 있다. 앞으로 2차, 3차 연수 후 망막치료 전문가로 날개를 활짝 펴길 기도하고 있다.

김동해 원장님이 이끄는 비전케어 캠프가 라고스주 정부 대학병원에서 열린 적이 있었다. 115건의 백내장 수술로 실명 위기에 있던 환자들이 눈을 떴다. 닥터 이다코는 카노에서 라고스까지 날아와 한국

안과 전문의들의 수술을 참관했다. 조스로 떠나기 전, 닥터 이다코는 라고스대학병원 안과 과장인 친구 닥터 능바와 대화를 나누었다.

"이다코, 왜 그렇게 보기 힘들어. 저번 학회도 안 오고 뭐 했어?"

"환자 봤지. 우리는 의사가 둘밖에 없어 한 명은 남아 일을 해야 해."

"다음에는 병원장이 있으라 하고 네가 와. 사람들도 만나고 관계를 쌓아야 할 것 아냐."

"너도 알잖아. 나는 선교사야."

조용한 성품의 닥터 이다코는 남부 나이지리아 기독교 가정에서 자랐다. 그는 원래 정신과 의사를 희망했다. 의대를 마치고 일 년의 국가 봉사기간을 북부 오지인 요베주에서 보냈다. 그는 그곳에서 이동진료하며 선교하는 ECWA 안과병원 의사들을 처음 만났다. 얼마 후, 심한 결막염에 걸린 아들을 데리고 닥터 이다코는 카노의 ECWA 안과병원을 찾았다.

"이 병원에서 무언가 다른 분위기를 느꼈습니다. 내 아이를 치료하는 병원장 선데이, 닥터 아티마, 선교사 닥터 키루에게 깊은 인상을 받았습니다. 그들은 하나님을 두려워하는 사람들이었어요. 그리고 저를 사랑해주었습니다."

닥터 이다코는 ECWA 안과병원에 남았다. 연고도 없고 테러도 심한 곳에서 아내와 함께 세 아이들을 키우며 살고 있다.

복잡한 이슬람 도시 한복판의 선교병원, ECWA 안과병원은 마치

사막의 수도원 같다. 두 안과의사 닥터 아티마와 닥터 이다코는 하나님을 사랑하고 이웃을 사랑하기 위해 단순한 삶을 선택한 수도승이다. 예배하고, 환자 보고, 수술하고, 기도하고, 밥 먹고, 잔다. 방문할 때마다 나는 그들을 보며 감탄한다.

2022년 ECWA 안과병원에는 전문의가 네 명으로 늘었다. 전문의 양성병원으로 인가되어 세 명의 시니어 레지던트와 다섯 명의 주니어 레지던트가 훈련을 받고 있다. 밍믹치료 장비는 한국의 옥인교회 후원으로 구비되었다. 코로나와 그 밖의 이유로 취소된 닥터 이다코의 연수 기회는 2022년, 하나님의 은혜로 연세 세브란스병원을 통해 열렸다.

그럼 천국에 올
준비를 하든지

조스에서 카메룬 국경 인접 마을 겜부까지 이틀을 달려갔다. 천 킬로미터의 거리다. 이곳은 나이지리아 안에서도 사회시설이나 의료 사정이 가장 낙후된 지역 중 한 곳이다. 1,800미터 고지대에 50만 명의 인구가 사는데 전기와 상수도 시설이 없다. 엑스레이 찍는 곳은 단한 군데, 정부 병원에는 일반 의사 두 명뿐이다. 제대로 된 수술을 받으려면 차로 여섯 시간을 가야 한다.

나는 일주일 동안 닥터 우쉐와 지내며 라파 진료팀과 함께 오지 이동진료를 했다. 닥터 우쉐는 빙햄병원 가정의학과에서 레지던트 수련을 마치고 병원장까지 지낸 사람이다. 그는 선교의 열정이 있어 오지 이동진료를 하다가 겜부에 라파 메디컬 클리닉이라는 병원을 세웠다.

닥터 우쉐는 나이지리아 남부 크로스리버주 칼라바 출신이다. 그는 추장의 집안에서 태어났다. 대(大)추장이었던 증조부가 돌아가셨을 때, 세 명의 노예를 같이 묻었다고 한다. 2차 세계대전과 나이지리아 내전에 참전했던 아버지는 술을 많이 마셨다. 그와 그의 형은 초등학교 때부터 아버지의 술을 훔쳐 마셨고, 어머니는 심부름의 대가로 맥주를 주셨다고 한다.

그의 집에는 아프리카 전통 우상을 섬기는 큰 신전이 있었다. 많은 희생 제사와 의식이 벌어져 멀리서도 이 신전을 찾아오는 사람들이 있었다. 어머니가 마술사를 데려온 날의 기억은 그에게 아직도 선명하다. 마술사가 사람 모양의 나무 조각을 들고 주술을 외우자 그 형상이 "타타타타" 하며 알 수 없는 소리를 냈다.

"신의 목소리다."

마술사는 그 소리를 이렇게 해석했다.

그러나 청소년 시절, 그는 성서유니온을 통해 예수님을 만났고, 그 후로는 우상숭배와 술을 완전히 끊고 의과대학에 진학했다. 빙햄병원에서 레지던트 수련 중이던 어느 날 저녁, 그는 기도 중에 어떤 음성을 들었다.

"큰 목장이 있는 곳(The place of the ranchers)."

그는 이해할 수 없었다. 하지만 세 번이나 반복되는 그 소리를 수첩에 적어놓았다. 일 년이 지난 1990년 12월 29일, 의료 선교를 하는 친구를 돕기 위해 북부 나이지리아 오지인 말룽판시를 방문했다. 오전 진료를 마치고 한 해를 돌아보며 기도하는 중에 그에게 떠오르는 선명한 문장이 있었다.

"큰 목장이 있는 곳, 라파 의료 선교(The place of the ranchers, Rapha medical ministry)."

이것이 무슨 뜻인지 알고 싶어 그는 잠을 이루지 못했다.

이듬해 봄이었다. 한 풀라니 추장이 장콰노(현 빙햄병원)에 찾아와 행정 직원에게 부탁했다.

"이 병원에서 가장 좋은 의사를 불러주시오."

행정 직원은 어쩐 일인지 추장을 닥터 우쉐에게 데려갔다. 추장의 몸에는 두 군데에 지방종이 있었다. 어깨의 작은 것은 문제되지 않았지만, 우측 옆구리의 큰 지방종은 제거하기가 쉽지 않았다. 결국 상처 감염이 생겨 입원 기간이 3주까지 길어졌다. 그는 환자에게 정말 미안해하며 매일 정성을 다해 치료했다. 추장은 닥터 우쉐에게 몇 번이나 말했다.

"당신이 바로 내가 찾던 좋은 의사요. 우리 마을에 와서 도우시오."

처음에는 흘려들었지만, 그는 이것이 주님의 뜻일지도 모른다고 생각했다.

얼마 뒤, 그는 추장의 마을을 방문했다. 조스에서 나흘이나 걸리는 곳이었다. 중간에 차가 고장나 추장이 보내준 랜드로버를 타고 겨우 도착할 수 있었다. 그곳은 '큰 목장이 있는 곳', 그가 예전에 기도 중에 들은 곳이었다. 그해 말, 닥터 우쉐는 간호사인 아내와 함께 다시 추장의 마을을 찾았다. 그는 이곳에 병원을 내고 싶었다. 그러나 아내는 싫어했다.

"전기도 물도 없는 산골짜기에서 어떻게 살아요. 마실 물은 조스에서 사와야 하고, 허드렛물은 개울에서 떠와야 하는데 너무 더러워서 씻을 수도 없잖아요. 게다가 아이들 교육은 어떻게 시키고요. 당신은 우리 아버지보다 더한 사람이네요."

닥터 우쉐 아내의 아버지는 시골과 정글로 복음 전도사역을 하는 나이지리아 목사였다. 그런 아버지를 따라다니다가 의사와 결혼하면 좋은 집에서 편히 살 줄 알았는데, 이번에는 남편이 오지로 들어가자고 하니 어떤 아내가 좋아하겠는가.

우쉐는 하나님께 기도했다.

"하나님, 주님이 직접 제 아내에게 말씀해주세요."

그는 아내의 허락이 떨어질 때까지 일 년에 두 번씩 이동진료를 계속했다. 어느 날, 아내가 닥터 우쉐에게 이런 고백을 했다.

"나는 이런 오지로 다니고 싶지 않다고 솔직하게 기도했어요. 그랬더니 주님이 이런 말씀을 하시네요. '그럼 집(천국)에 올 준비를 하든지'라고요."

닥터 우쉐는 추장이 소개해주는 마을을 다니면서 진료하고 복음을 전했다. 하지만 현실은 만만치 않았다. 예수님을 영접하는 사람이 단 한 명도 없었다. 5년이 지나 드디어 첫 번째 회심자가 나왔다. 그는 한 번도 학교에 다닌 적이 없고 소만 돌보던 목동 페니였다. 그는 하나님을 알고 수님을 위해 살고 싶은 열렬한 마음이 있었다. 닥터 우쉐는 큰 기대를 품고 페니를 성경학교에 보냈다. 2년의 과정을 채 마치기도 전에 페니는 원인 모를 병에 걸려 병원에 입원했다. 그는 병실의 환자들에게 열심히 전도했다. 하지만 곧 세상을 떠나고 말았다. 닥터 우쉐는 첫 열매가 허무하게 사라지는 것이 너무도 슬펐다.

그러나 "한 알의 밀이 땅에 떨어져 죽으면 많은 열매를 맺는다"(요한복음 12:24)는 성경 말씀이 맞았다. 페니의 죽음 이후 놀랍게도 사람들이 주님께 돌아오기 시작했다. 많은 사람들이 회심해 예수님을 믿게 되자 이번에는 반대 세력이 들고 일어났다. 예전에는 진료팀이 마을에 들어가 숙식하며 환자들을 볼 수 있었는데, 이제는 진료만 하고 마을을 떠나야 했다. 닥터 우쉐는 고심 끝에 겜부에 이동진료의 베이스 캠프 격인 병원을 세웠다.

간호사인 닥터 우쉐의 아내는 겜부병원에서 여성과 아이들을 돌보고 있다. 어느 날, 임신 9개월인 임산부가 왔는데 아기 옷을 하나도 준비하지 않은 사실을 알게 되었다. 그 이유를 물어보니 참 슬픈 대답이 돌아왔다.

"이곳 사람들은 아기를 낳으면 우선 포대기로 싸놓고 두 주를 기다립니다. 그때까지 살아 있으면 옷을 사지요."

우쉐의 아내는 마음이 아팠다. 영아 사망률이 높기 때문에 이런 미신이 생겼을 것이다. 문제는 고산지대인 추운 겜부에서 갓 태어난 신생아가 저체온증으로 더 위험하게 된다는 것이다. 그녀는 아기 옷을 구입해 산모가 아이를 낳으면 무조건 입히기 시작했다. 아기들이 죽지 않고 살아나는 것을 보고 지금은 산모들이 많이 찾아온다고 한다.

"아기 옷을 주는 병원으로 아주 유명해졌답니다."

닥터 우쉐의 아내는 이제 아무 불평이 없다.

"잠시 머무는 지상보다 영원히 머물 하늘의 집이 더 멋지길 기대합니다. 복음 증거는 하나님의 마음을 가장 기쁘게 하는 것이라고 믿어요."

닥터 우쉐의 라파 메디컬 클리닉은 32년 넘게 사역을 이어오고 있다. 현재 라파 의료팀은 여러 명의 목사를 포함해 30명 가까운 인원이 함께 움직인다.

나는 이 진료팀과 함께 젬부에서 다시 한 시간 반 동안 산을 타고 올라가 쿠 마을에 도착했다. 새벽부터 이동진료를 준비하며 엄청 큰 스피커를 차에 싣는 데이비드 목사에게 웃으며 말을 걸었다.

"오늘 아주 마을을 흔들어 놓으려 하는군요."

그가 머리를 저었다.

"아니, 우린 마음을 흔들 것입니다."

무슬림을
만나거든

빙햄병원의 이비인후과 간호사 아우두는 카누리 부족 출신이다. 나이지리아에는 250여 개의 부족이 있는데, 그중 카누리족은 300만 명으로 다섯 번째로 큰 부족이다. 중앙아프리카 차드 호수 주변에서 세력을 키워나간 카누리족은 11세기부터 강력한 이슬람 왕국이 되었다. 나이지리아 주요 부족인 하우사족이나 풀라니족보다 먼저 이슬람을 받아들인 카누리족은 자신들이 아랍의 정통이라는 자부심이 높다. 이들은 완전히 다른 고유 언어를 사용하고 부족의 땅과 전통을 지키며 살고 있다.

아우두는 높은 지위의 군인인 아버지와 왕실 출신의 어머니 사이에서 태어났다. 카누리족 모든 아이들처럼 그도 세 살 적부터 아랍어를 배우고 코란을 암송했다. 아버지는 한 번에 네 명 이상의 아내를 두지는 않았지만, 사별과 이혼으로 계속해서 새로운 아내를 맞이했다. 총 18명의 아내에게서 아들 38명, 딸 28명을 두었고, 아우두는 그중 여덟 번째 아이였다.

아우두는 고등학생이 되어 기숙사에 들어갔다. 15세 사내아이들 여섯 명이 한 방을 사용했다. 첫날, 아우두를 포함한 다섯 명의 소년들은 빅터라는 아이가 자신들과는 다르다는 사실을 알았다. 빅터는 크리스천이었다. 다섯 명의 이슬람 소년들은 빅터를 왕따시키고 괴롭혔다. 밀치고 욕하는 것은 일상이고 침대에 물 뿌리기, 음식 빼앗아 먹기, 치약 짜서 비우기, 잠잘 때 때리기 등 또래의 머리에서 짜낼 수 있는 모든 악한 짓을 다했다. 그런데 이상한 일이었다. 빅터의 삶은 누가 봐도 비참했으나 그 아이는 화를 내지 않았다. 매일 밤 성경을 읽는 빅터를 괴롭히려고 불을 끄면, 그는 조용히 밖에 나가 복도에서 읽고 들어왔다.

어느 날, 아우두는 학교에서 공익근무 중인 아는 대학생 형 집에 놀러갔다. 그 집에는 마침 손님들이 와 있었는데, 형이 다니던 남쪽 교회 사람들이었다. 함께 좋아하는 체스를 두고 기숙사로 돌아가려는데, 손님 중 한 사람이 그의 상의 주머니에 작은 책 한 권을 넣어주었다.

다음 날, 영어 시간이었다. 선생님은 이번 학기 시험에 15점을 받아야 한다고 말했다. 그러더니 아우두의 상의 주머니에 불룩한 게 뭐냐고 물었다. 잊고 있었는데, 어제 형네 손님이 준 책자였다. 꺼내서 보니 영어로 쓰인 복음서였다. 아우두는 소책자를 선생님께 건네며 말했다.

"저는 필요 없는 책이네요. 선생님이 자료로 쓰세요."

선생님은 책을 받지 않고 다른 제안을 했다.

"아우두, 네가 그 책을 읽고 내용을 이해하면 10점을 줄게."

아우두는 속으로 환호했다.

'10점이라니! 이게 웬 떡이냐.'

그러나 아무리 읽어도 도대체 무슨 소리인지 알 수 없었다. 결국 아우두는 그렇게 괴롭히던 빅터에게 가서 복음서를 내밀며 부탁했다.

"이 책의 내용을 나한테 설명해줄 수 있겠니?"

빅터는 믿을 수 없다는 얼굴로 아우두를 쳐다보았다. 혹시 이게 새로운 조롱거리가 아닌가 의심하는 눈치였다. 잠깐 고민하던 빅터는 마음을 정한 듯 둘만 있을 수 있는 장소로 아우두를 데려가 복음을 설명하기 시작했다.

대단한 이야기였다. 믿을 수 없었다. 빅터가 지어낸 말은 아닐까? 아우두는 다른 크리스천 형을 찾아갔다. 그 형도 같은 이야기를 했다. 그러나 설명은 빅터가 나았다. 가톨릭교회에도 가서 물었다. 이곳에서도 설명은 같았지만 설득력은 빅터에 미치지 못했다.

아우두는 자신이 이해한 내용을 선생님께 설명하고 10점을 얻었다. 학교에는 아우두가 교회에 다닌다는 소문이 쫙 퍼졌다.

"행위로는 하나님을 알 수 없고 은혜로만 가능하다는 말씀에 나는 감격했습니다. 이슬람은 행위의 종교인데 이것은 절대 가능하지 않습니다. 나는 죄사함을 얻고 자유함을 얻었습니다."

그는 신앙고백을 하고 크리스천이 되었다. 고등학교를 졸업할 때까지 빅터는 아우두를 포함해 여덟 명을 전도했다.

아우두의 집안은 발칵 뒤집어졌다. 아우두가 무슬림에서 크리스천이 되었기 때문이다. 아우두는 명예를 더럽혔다며 아버지가 죽이려 하자 황급히 도망치다가 발목이 부러졌다. 크리스천 상인의 도움으로 겨우 치료받고 외할아버지 집에 갔으나 거기서도 쫓겨났다. 아우두는 절망적인 상황에 처했다. 아우두에게 전도했던 빅터 역시 부모님이 크리스천이 아니어서 집에서 쫓겨난 지 오래되었다. 아우두와 빅터는 함께 생계를 꾸리기 위해 막일, 농사일, 대장장이 일, 우물 파기, 차량 수리 등 돈이 되는 일은 뭐든지 했다. 둘은 서로 격려하며 학업을 이어갔다.

아우두는 간호대학에 들어갔다. 이곳에서도 지역 유지인 아버지의 영향력으로 어려움을 겪었다. 크리스천이라는 이유로 대학 안에서 구타당해 정신을 잃기도 했다.

아우두는 남다른 손재주가 있었다. 이비인후과 실습을 돌 때 헤드폰을 분해해 보청기를 만들었다. 청력 감소로 진료받던 요베주 주지사가 우연히 아우두의 재능을 보고 졸업도 하기 전에 바로 정부 병원의 간호사로 채용했다. 2년 반 과정의 이비인후과 전문간호사 교육지원까지 덤으로 받았다.

2004년 5월, 북무 나이지리아에서 이슬람 군중이 소수 기독교인들의 집을 불태우고 신자들을 죽이는 폭동이 일어났다. 이곳에서는

1999년 이후로 이슬람 종교 율법인 샤리아법이 점점 더 강력한 힘을 발휘하고 있었다. 아우두가 일하던 요베주 정부 병원도 폭동에서 예외가 아니었다. 이미 관사는 불에 탔고, 아우두를 찾기 위해 눈이 벌게진 무슬림들이 병원을 수색하고 있었다. 수술실에서 환자를 보고 있던 아우두는 동료가 건물 뒤로 몰래 가져온 차의 뒤 트렁크에 누워 간신히 탈출했다. 맨몸으로 조스까지 온 아우두는 이비인후과 간호사를 찾고 있던 빙햄병원에 취업했다.

요베주를 떠나온 지 2년이 지난 어느 날, 아우두는 어머니의 전화를 받았다. 어머니는 행방이 사라진 아들을 찾아 한참을 수소문했다고 한다.

"아버지가 돌아가셨단다. 아들아, 네가 보고 싶구나."

아우두는 아들을 찾아 조스까지 온 독실한 무슬림 어머니를 위해 여러 가지를 준비했다. 기도 전에 씻을 물 담는 주전자도 사놓고, 모스크에도 모셔다드렸다. 빙햄병원에서 의료 선교사의 친절한 진료도 받게 했다. 아우두의 어머니는 처음으로 "크리스천은 피를 마신다, 기독교는 아프리카 사람들을 서양인으로 만든다, 정신을 빼앗아간다" 등등의 소문이 사실이 아님을 알게 되었다. 고향으로 돌아간 어머니는 친척들에게 말했다.

"크리스천이 된 아들 아우두가 잘살고 있어 기쁘다."

무슬림으로 크리스천 친구 빅터를 괴롭혔던 아우두는 기독교 신앙을 갖게 되면서 이번에는 무슬림의 핍박을 받았다. 두 종교를 모두 경험한 그는 이렇게 말한다.

"우리는 핍박이 무엇인지 압니다. 그 핍박이 어떠한 결과로 이어지는지도 압니다. 이슬람과 만날 때는 오직 사랑만이 다름을 보여줄 수 있습니다. 가족이 나에게 어떻게 대했든지 간에 사랑하는 모습을 보여줘야 합니다."

그는 하나님을 만난 이후 지금까지 자신이 사랑하는 카누리 부족의 전도와 복지를 위해 애쓰고 있다. 아우두는 나와 함께 오염된 물로 인해 콜레라와 상티푸스 같은 질병에 시달리는 카누리 부족에게 오존 정수기를 보급하는 프로젝트를 담당한다.

물장수 제임스

간밤에 물장수 제임스가 뺑소니 교통사고를 당했다. 무거운 물수레를 밀던 저녁 6시경 차가 뒤에서 그를 치고 달아났다. 피투성이가 되어 빙햄병원에 왔는데 왼쪽 다리가 골절되었다. 왼팔이 없는 제임스가 이제 왼다리까지 망가지고 말았다.

상수도 시설이 열악한 조스에는 물장수들이 있다. 물장수들은 수레 하나에 25리터 물통 열 개를 싣고 수레 무게까지 합해 거의 300킬로그램을 흙길에서 밀고 다닌다.

2016년부터 나는 병원 주위에 나무들을 심어왔다. 사람도 땅도 황량한 먼지로 덮여가는 시간, 뭐라도 초록색이 필요하다는 단순한 마음으로 시작한 나무 심기였다. 처음에는 병원 중앙 도로 한쪽에 생존력이 강하고 건조해도 잘 자라는 마스커레이드와 아이스플라워를 백 그루 정도 심었다. 해마다 심다보니 점점 규모가 커져 최근에는 18종의 식물 2,500그루를 돌보고 있다. 잘 자란 푸른 나무들 덕에 병원을 찾아오는 환자들도 좋아하고 병원 평가에서도 높은 점수를 받을 수 있었다.

그러나 건기가 되면 나무들이 시들고 죽어가기 때문에 토요일에는 열다섯 대, 수요일에는 여섯 대의 물수레를 부른다. 물장수를 찾고 있던 정원사 피터에게 제일 먼저 뛰어온 사람이 제임스였다. 피터는 처음 그를 보고 마음에 들어하지 않았다. 제임스는 블록 만드는 회사에 다니다가 점검하는 기계에 왼팔이 통째로 잘려나간 터였다.

"왼팔이 없는데 어떻게 물수레를 끌 수 있나?"

제임스는 간절하게 자신을 써달라고 졸랐다.

"저는 먹여 살려야 할 아이들 셋과 연로한 어머니가 있습니다. 2005년부터 물수레를 끌었어요. 믿고 맡겨보세요."

피터는 불쌍한 마음에 그를 고용했다. 느리긴 해도 제임스는 열심히 일을 했다.

물수레 한 대에 900원을 받는다. 물값 300원을 주면 600원이 남는다. 하루에 평균 다섯 수레를 팔면 3천 원 수입이 된다. 성실한 제임스는 애써 모은 돈으로 물수레를 모아 대여 사업까지 했으나 모두 도둑맞았다. 우리를 만났을 때는 다른 사람의 수레를 빌려 일하고 있었다. 안타까운 마음에 먼저 수레를 사주었다. 물론 공짜는 아니었다. 매주 수요일의 물값을 미리 지급한 것으로 했다. 장애가 있어도 제임스는 부지런했다. 한 목사님은 설교 중에 제임스를 언급했다.

"멀쩡한 몸을 가지고 놀고 있는 사람들은 제임스를 보고 부끄러운 줄 알아야 합니다."

나 역시 불평이 파도처럼 오르락내리락할 때, 제임스 옆에 가면 잠잠해지곤 했다.

수술로 제임스의 다리뼈는 원위치되었지만, 근육과 피부 손상이 심해 상당 기간 소독이 필요했다. 오래 치료해야 하는데 제임스는 집과 병원을 오갈 수 없었다. 휠체어가 들어가지 못하는 작은 집에 살고 있었기 때문이다. 한 팔과 한 다리로 어설피 걷다 넘어지면 더 큰 부상을 입을 위험이 있었다. 우선 퇴원 수속을 해 입원비가 더 나가지 않게 했다. 대신 병원 침대를 계속 사용하면서 상처 소독을 받을 수 있도록 병원 측과 협상했다.

"병원에 심은 나무에 성실하게 물 주던 사람이니 도와주세요."

나의 부탁에 원무과는 곤란해했다.

"이러시면 다른 환자의 입원을 막아 병원이 손해를 봅니다."

"외래 치료비 6만 원은 제가 선불하겠습니다."

"지금까지 밀린 병원비만 해도 50만 원이 넘습니다."

지불이 늦어지면 치료도 못 받을 수 있었다. 어떻게 그 돈을 채워넣을까 고민하며 주말을 보냈다. 놀라운 일이 일어났다. 제임스를 문병하러 온 이웃과 친구들이 병원비를 정산한 것이다. 위험한 도로에서 수레를 끌며 운이 좋아야 열 수레 하루 6천 원을 손에 쥐는 물장수 친구들이었다. 종종 병원에 들러 안부를 묻는 친구들에게 제임스는 이렇게 농담했다.

"머리와 배를 다치지 않아 다행이야. 하나님께 감사해."

다리가 회복되려면 최소 두 달이 필요했다. 물장수는 더 이상 할 수 없었다. 어떻게 그를 도울 수 있을까?

한국 드라마 〈나의 아저씨〉에서 여주인공은 이런 말을 한다.

"딱 네 번. 그 뒤로 다들 도망갔다. 선량해 보이고 싶은 욕망을 채우기 위해 나의 불행함을 이용하려는 인간들."

고난에 고난을 당하는 제임스를 놓고 도망가는 사람이 내가 되지 않길 바랐다.

제임스는 6주 만에 퇴원했다. 지팡이를 짚고 다니다 뼈가 아물면 안에 박은 철심을 제거해야 한다. 이 시기에 앞으로 어떻게 살까 고민하다가 자살하는 사람이 많다고 해 내심 걱정했다. 제임스는 강했다. 일을 하지 못해 대신 연로한 어머니가 시장에서 구하거나 이웃이 나눠 주는 음식으로 연명하면서도 늘 미소를 띠었다. 두 아이는 학비를 못 내 퇴학당할 처지였다.

그를 도우려는 여러 의견이 나왔다. 가게를 차려주라, 물탱크를 사주라, 숯과 나무를 팔게 해주라 등등. 그러나 제임스가 감당하기에는 힘든 일이었다.

돼지 네 마리를 구입했다. 돼지가 새끼를 낳고 클 때까지는 대략 일 년이 걸린다. 그때까지 돼지를 팔지 않도록 아이들의 학비를 지원하기로 했다. 옥수수 한 자루, 쌀 반 자루, 팜 오일과 마기라는 조미료를 사주었다. 네 식구가 4개월 가량 먹을 식량이었다. 물수레 한 대를 제작해 기존 수레와 합쳐 두 대로 대여업을 하기로 했다. 하루 대여로 600원을 벌 수 있다. 앞으로 다섯 대까지 지원할 예정이었다. 돼지 키우기와 물수레는 제임스가 경험이 있고 잘하는 일이었다.

멋있게 한번 후원하고 박수 치고 사진 찍고 나오면 좋겠지만, 이곳의 삶이 그렇게 만만치 않다.

제임스의 두 아이를 위한 가을학기 청구서를 받았다. 학비와 책값이 상당했다. 초등학교 2학년 책이 스물다섯 권이나 되고 반드시 새로 사야 했다. 현지인 정원사 피터의 말에 의하면 사립학교라서 그렇다고 한다.

'우리가 학비를 내준다고 비싼 학교로 간 건가? 하루 먹을 음식 걱

정한다면서 아이들을 사립학교로 보내다니. 스스로 생계 유지할 의지가 진실로 있는 걸까?'

마음이 무거웠다. 속으로 별별 질문이 고개를 들었다. 그래도 일 년 학비를 지원하기로 했으니 약속을 지켰다. 세 번째 수레를 전달하고 조심스럽게 자녀들의 비싼 학비에 대해 물었더니 제임스가 이렇게 말했다.

"사립학교는 저 다치기 전부터 다니고 있었어요. 어릴 때 히나라도 제대로 배워 머리를 깨우치는 것이 중요해서요. 크면 정부 학교에 보낼 겁니다. 그때는 정부 학교가 파업으로 문을 닫아도 우리 아이는 스스로 공부하는 법을 배웠길 바랍니다."

이곳의 정부 학교는 파업이 잦아 일 년에 3분의 1은 학교 문을 닫는다. 자녀교육을 위해 허리가 휘도록 애쓰는 부모의 마음은 세상 어디나 다 똑같은가보다.

역한 오물 냄새 때문에 저절로 찌푸려지는 얼굴을 애써 폈다. 마을 사람들이 갑자기 등장한 외국인들을 신기하게 쳐다본다. 좁은 골목 끝에 제임스의 집이 있다. 깨끗한 옷을 차려입은 제임스의 어머니와 형이 반갑게 맞이했다. 어머니는 우리를 위해 긴 축복 기도를 해주었다. 제임스의 다리는 잘 걸을 수 있게 되었다.

제임스 집 뒷문 작은 공간에 돼지 우리가 있다. 토실토실 잘 자라 조금만 기다리면 새끼가 열 마리쯤 나온다고 했다. 십시일반으로 모은 후원금 200만 원이 이렇게 큰돈인 줄 몰랐다. 제임스의 4개월 치

통원 치료비와 4인 가정의 5개월 치 식량, 가족의 희망인 두 초등학생의 일 년 학비, 생계를 이어갈 수레 다섯 대와 열네 마리로 불어날 돼지들, 여기에 이 가족의 웃음까지 생겼다.

7개월 전 처음 제임스의 사고 소식을 들었을 때 정말 막막했다. 최악의 상황에서 나아질 소망 없는 제임스를 두고 도망가지 않게 해달라는 기도가 절로 나왔었다. 역시 하나님 나라를 임하게 하는 이는 우리가 아니라 하나님이시다. 우리는 그리스도가 다시 오실 때 온전히 이루시리라 믿으며 주어진 길을 걸어갈 뿐이라는 신학자 새뮤얼 웰스의 말이 옳다.

나이지리아 조스의 가난하고 왼팔 없는 네 식구의 가장, 물장수 제임스를 위해 기도와 헌금으로 함께 걸어준 후원자들에게 감사한다. 앞으로 제임스의 상황이 어떻게 변할지 모른다. 우리를 실망시킬 일이 일어날 수도 있다. 그럼에도 우리는 하나님만 바라보며 함께 걸어갈 것이다. (그후 제임스는 안타깝게도 8개월째에 재골절되었고 2차 수술을 받았다. 그로부터 완전히 회복하기까지 7개월이 더 걸렸다. 다시 두 다리로 걷기까지 총 15개월이 걸린 셈이다.)

지구 저편, 너희를
위해 기도하는
사람들이 있단다

내 아내 손은영 선교사는 SIM 본부에서 일하는 한편, 난민학교 어린이들을 위해 북클럽과 도서관 봉사를 하고 있다. 다음은 손 선교사의 글이다.

"안녕하세요, 선생님. 만나서 반가워요. 하나님께서 선생님을 축복하십니다"(Good morning, ma. We are happy to see you. God bless you).

교실에 들어서면 일제히 일어난 아이들이 한목소리로 인사를 한다. 매일 하는 상투적인 인사지만 아이들의 표정과 반짝이는 눈에서 반가워하는 마음을 읽는다.

처음 이 학교를 방문했을 때, 아이들의 반응은 이렇지 않았다. 동양인을 처음 만나서 그런지 신기함과 의심이 섞인 시선으로 쳐다보았다. 일주일에 한 번 방문하고 있는 학교, 시티 오브 레퓨지(City of

Refuge, 도피성)는 나이지리아 예수전도단에서 운영하고 있다. 학생들의 대부분은 나이지리아 북동부 세 개 주에서 피난 온 내부 난민(IDPs, Internaly Displaced Persons) 아이들이다. 2009년부터 격화된 보코하람의 테러로 그 지역은 일상생활이 불가능할 정도로 위험해졌고, 당연히 학교 교육도 중단되었다. 집, 거리, 난민캠프에서 할 일 없이 돌아다니는 아이들이 넘쳐나 이를 안타깝게 여긴 예수전도단 지역 책임자가 아이들 몇 명을 조스로 데려와 가르치기 시작한 것이 지금의 학교가 되었다. 현재는 70명의 아이들이 부모를 떠나 예수전도단에서 제공하는 호스텔에서 생활하며 학업을 지속하고 있다. 내가 만나는 아이들은 상급반 25명 정도로 두 반으로 나눠 북클럽을 진행했다.

북클럽을 시작한 계기는 단순했다. 안식년에 받은 선교사 연장교육 중에 자신의 선교지 이슈를 하나 골라 소논문을 제출해야 했고, 이때 고른 주제가 '내부 난민'이었다. 자료를 읽고 공부하면서 더욱 관심이 생겼다. 나이지리아로 돌아온 후 기회가 있을 때마다 난민캠프를 방문하고 무엇으로 도울 수 있을까 고민했다. 아이들에게 도움이 되면서 즐겁게 할 수 있는 일을 찾다보니 북클럽으로 생각이 모였다. 책을 좋아했고, 그중에서도 아이들 책에 관심이 많았다. 독서로 경험하고 배우는 좋은 것들을 난민학교 아이들도 함께 누리길 바랐다.

학생들의 읽기 수준이 달라 적절한 책을 고르기가 쉽지 않았다. 너무 쉬운 그림책보다는 글밥이 있으면서 사이사이에 그림이 있는 책이 학생들이 이해하고 집중하는 데 좋았다. 처음에는 읽어주다가

지원자를 받아 한 페이지씩 돌아가며 읽게도 했다. 술술 읽는 아이가 있는가 하면 막히는 아이들도 있었다. 이럴 때는 옆에서 서로 도와주었고, 나중에는 반 전체가 한 목소리로 읽게 되기도 했다.

책 한 권이 끝나면 가장 좋았던 장면이나 인상적인 내용을 그려보는 시간을 가졌다. 학생들의 작품을 집에 가져와 하나하나 정리하며 혼자 흐뭇해했다.

'이런 걸 재미있어 하네. 아니, 이런 세세한 것도 다 기억하고 있단 말이야?'

학교 담당자가 말했다.

"북클럽으로 학생들의 읽기 실력이 향상된 것이 보입니다. 호스텔에서도 자체적으로 돌아가며 성경 읽기를 시작했어요."

더 기쁜 일이 있었다. 책 내용을 요약하고 느낌을 발표한 아이들에게 책을 선물했더니 그다음 주에 아이들이 물었다.

"선생님, 다른 책을 더 구해줄 수 있으세요?"

이것이 한 상자만큼의 책을 구해 작은 이동도서관을 시작한 계기가 되었다. 모든 아이가 책을 빌려가는 것은 아니지만, 단 몇 명이라도 책을 가까이하게 되는 것이 좋았다. 나는 선교사이기 전에 두 아이의 엄마다. 그렇기에 엄마의 마음으로 아이들을 본다. 새 책을 처음 만져본 아이들의 반짝이는 눈, 13인치 노트북으로 보여주는 영화에 신나하는 그 웃음, 연습장 구석에 "저는 이 시간이 정말 좋아요"라고 작게 써놓은 메모, 간식을 먹지 않고 남겨뒀다가 교실로 찾아온 동생에게 나눠 주는 언니의 모습이 나를 행복하게 한다.

나이지리아의 내부 난민은 180만 명에 이르고 그중 55퍼센트는 18세 미만의 아이들이다.[17] 내가 만나는 아이들은 수많은 내부 난민 아이들 중 극히 일부다.

"바 다뮤와(Ba damuwa)!"

하우사어로 "문제없습니다"라는 말이다. 새로운 학교에서 북클럽을 하기 위해 만난 난민학교 관계자는 너무나도 쉽게 대답했다. 이 말은 문제가 많아도 "잘 되겠지요" 정도로 이해하면 된다. 이번 학기에 시작한 북클럽은 빈타학교다. 이 학교는 초등학생부터 고등학생까지 약 200명이 다니는 큰 규모의 학교다. 난민 아이들 40퍼센트, 주변 지역 아이들 60퍼센트로 구성되어 있다.

첫날, 교실을 잘못 들어간 줄 알았다. 10명에서 15명 정도의 학생을 원했는데 앉아 있는 아이들은 30명이었다. 다음 주에는 34명, 그다음 주에는 42명이 들어왔다. 나이도 열두 살에서 열일곱 살로 다양하고 읽기 수준도 천차만별이었다. 도저히 계획한 북클럽을 진행할 수 없었다. 차선책으로 초등 저학년용 독해 워크북을 구해 수업을 했다. 짧은 글을 읽고 문제에 답하고 퍼즐과 색칠하기 등의 활동을 했다. 몇몇 아이들은 이것도 어려워하고, 몇몇 아이들은 시시하게 여겼다. 하지만 모두 '내 책'을 가진 것에 행복해했다. 학생들은 이렇게 그림이 많고 아기자기한 책은 처음 보았다고 했다.

이동도서관도 운영했다. 일주일에 한 권만 대출해주었다. 빌려갈 때는 너도나도 가져가지만 반납률이 매우 저조하다. 이유를 물으면 대부분 누가 책을 훔쳐갔다고 대답한다. 처음에는 괘씸한 마음에 씩 씩거리기도 했다. 이제는 그 책들을 어디선가 누군가가 읽고 있으리라 생각하며 애써 위로한다.

책을 고르는 아이들끼리 서로 훈수 두는 소리가 들린다.

"아니, 이 책 말고 저 책을 빌려. 저게 더 재밌어."

이런 아이들의 반응을 보며 이곳에 작은 도서관을 만들고 싶은 소원이 생겼다. 북클럽에 들어온 학생들뿐 아니라 다른 아이들도 읽고 싶은 책을 스스로 고르고 마음껏 읽게 해주고 싶었다. 책을 소중하게 다루는 법, 제때 반납하는 것 등 가르칠 게 산더미지만, 독서로 아이들이 얻는 유익은 말할 수 없이 크다.

또 다른 학교, 페이버드 시스터즈 아카데미도 내부 난민을 대상으로 한다. 첫눈에 똘망똘망한 아이들임을 알 수 있었다. 질문에 척척 대답하고 더 많이 배우고 싶어 한다. 가르치는 나도 신나고 재미있다. 한 학기의 수업을 마무리하고 있는데, 아이들이 하우사어로 서로 소곤대더니 갑자기 박수를 쳤다. 나는 놀라서 물었다.

"왜 박수를 치나요?"

아이들이 여기저기서 대답했다.

"이런 이야기책을 읽어본 게 처음이에요."

"우리 모두 선생님께 고마워합니다."

이 학교 아이들은 책을 빌리는 것도, 반납하는 것도 백 퍼센트 모범생이다. 왜 선생님들이 살하는 아이들을 예뻐하는지 알 것 같다.

난민학교에서 북클럽을 시작한 지 2년이 되었다. 작은 변화들이 보인다. 작년에는 고개를 푹 숙이고 자기가 한 것을 보여주기 부끄러워하던 아이가 이제 고개를 들고 큰 소리로 책을 읽는다. 수업에 관심 없던 또 다른 아이는 적극적으로 질문을 해 나를 감동시켰다. 그 아이는 버거워서 포기했던 시리즈를 이번에는 다섯 권이나 읽었다.

난민 특성상, 이 아이들을 다음 학기에 만나게 될 보장은 없다. 어른들이 살던 곳으로 돌아가면 아이들도 따라가야 한다. 그래서 주어진 시간에 최선을 다해 수업을 준비한다. 언젠가 이 아이들이 함께 책을 읽고, 영화를 보고, 같이 웃고, 어려운 단어의 뜻을 확인하고, 색칠하고, 내용을 요약하던 이 시간을 "응, 그때 참 재미있었어"라고 추억해주길 바라며…….

한국에 들어갔다가 사단법인 더투게더의 정애리 이사장님과 김효은 사무국장님을 알게 되었다. 그분들은 나이지리아에 관심을 가지고 도울 일이 있는지 물었다.

나이지리아에는 하마탄이라 불리는 모래폭풍 시즌이 있다. 사하라 사막에서 불어오는 심한 먼지바람으로 해가 가려져 평균 기온이 16도로 낮아지는 11월 말부터 3월 중순까지 약 석 달의 기간이다. 이 계절에 제대로 된 겉옷 없이 콜록거리며 맨발로 교실에 앉아 있던 아이들이 먼저 생각났다. 그 아이들을 위한 담요, 겨울용 상의, 양말을 지원해주면 좋겠다는 제안이 통과되어 후원이 결정되었다.

물품을 구입하러 시장으로 갔다. 조스의 시장은 사람과 차, 동물들이 한데 엉켜 있어 지나기조차 쉽지 않다. 종종 폭탄 테러가 일어나 가능한 한 피하는 곳이기도 하다. 한 달 반 동안 시장을 돌아다니며 재킷 485벌, 담요 300장, 양말 400켤레를 구입했다. 현지인에게는 익숙한 가격 흥정이지만 이방인에게는 거의 초죽음의 싸움이다. 한바탕 흥정이 끝난 후 처음 펜을 잡아본 듯 영수증에 어눌하게 사인하는, 아마 초등학교도 제대로 다니지 못했을 젊은 상인의 모습에 혹시 외국인이라 바가지 쓴 것은 아닌지 억울하던 내 마음이 겸손히 가라앉았다.

이렇게 구입한 옷과 담요, 양말을 북클럽을 진행하고 있는 난민학교 세 군데에 전달했다. 물건을 가득 실은 트럭이 학교 마당에 들어서자 놀란 눈을 동그랗게 뜨고 쳐다보던 아이들이 신이 나서 담요를 날랐다. 나는 아이들에게 말했다.

"너희가 직접 만날 순 없지만, 지구 반대편에서 너희를 생각하며 기도하는 사람들이 있단다. 너희 덕분에 하나님께서 당신의 사람들을 통해 일하시는 것을 볼 수 있어 정말 고맙다."

꿈꾸었으나 실행은 요원하던 도서관은 여러 후원자들의 도움으로 2022년, 총 여섯 개의 기관에 일곱 개의 책장과 2,230권의 책이 전달되며 실현되었다.

"이 책 봤어? 정말 재밌어."

나이지리아의 아이들이 서로 좋은 책을 권하고, 읽기를 즐거워하며, 하나님께서 만드신 세상과 사람들을 더 이해하고 배우게 되길 기노한나.

7장

하나님이 당신들을
사랑하는 걸 알겠습니다

선교사는 영웅이 아니라 믿음과 의심
그리고 찬양과 두려움 가운데서
맡겨진 임무를 수행하는 자다.
정승현, 『하나님의 선교와 20세기 선교학자』

마실 수 없는
물

아침 6시다. 보통 꿈을 기억하지 못하는데, 이건 방금 있었던 일처럼
생생했다.

　나는 용산전자 상가 안, 새롭게 단장한 벤처회사 로비에 앉아 있
었다. 획기적인 정수 기술로 성공한 회사다. 꽤 오래 기다렸는데도 사
장님이 바빠서 만날 수 없다고 한다. 먼 나이지리아에서 왔고, 이 회
사의 정수 장비를 이용해 난민캠프를 돕고 싶다고 설명했다. 직원들
은 도통 관심이 없었다. 실망한 나는 지하식당가로 내려가 아내와 만
났다. 부대찌개 집에서 밥을 먹다가 잠깐 졸았는데, 옆 테이블에서
말소리가 들렸다. 오존 정수기에 대한 이야기였다. 정신이 번쩍 들었
다. 내가 만나고 싶어 했던 사장님이 바로 옆자리에서 친구와 식사를
하고 있었다. 사장님 친구는 마침 나의 후원자였다. 나는 얼른 일어
나 정중히 인사를 했다.

"나이지리아에서 온 선교사입니다. 더러운 물을 먹는 난민들을 위해 이 정수기가 꼭 필요합니다."

사장님은 흔쾌히 가지고 있던 장비를 내주며 사용하는 법도 자세히 설명해주었다.

"필요한 곳에 사용하게 되어 기쁩니다."

사장님의 격려가 꿈인데도 귀에 선명하게 맴돌았다.

얼마나 간절했으면 이런 꿈까지 꾸었을까? 올해 1월 한 후원자가 오존 정수기에 관한 정보를 알려주었다. 처음에는 '아, 이런 것도 있구나' 하고 넘어갔는데, 얼마 전 난민캠프를 다녀오고 나서 생각이 바뀌었다. 더러운 물을 식수로 사용해 온갖 수인성 병에 걸리는 이곳 사람들에게 그 정수기는 꼭 필요했다. 나는 꿈속에서 사장님의 친구로 나온 박형동 선생님에게 카톡을 보냈다. 박 선생님은 외과, 내과 전문의로 탄자니아와 케냐에서 선교사역을 하셨다.

이렇게 해서 일리노이주립대학의 박성진 교수님과 연결되었다. 직접 개발한 오존 발생장치로 EP 퓨리피케이션이라는 회사를 설립하고, 이 기술이 가난한 나라에 사용되길 바라는 분이었다. 오존 정수기 퓨어라이프(Purelife) 세 개를 기증받았다. 이 오존 정수기는 태양열판을 이용해 어디서든 충전할 수 있고, 20리터의 물을 20분 안에 정수한다. 깨끗한 물이 꼭 필요한 빙햄병원 수술방에서 먼저 시작했다. 마시는 물뿐 아니라 상처 소독, 손 씻기, 기구 세척에도 사용했다. 플라스틱 병 생수를 쓰던 안과와 검사실에서도 좋아했다. 멸균 물이 없어 수술 중 그만 씻으라는 말은 이제 듣지 않아도 되었다.

신뢰할 수 있는 수질 검사기관을 찾았다. ECWA 교단 산하의 중앙약국에서 검사가 가능했다. 앞으로 나이지리아 실정에 맞는 구체적인 사용 방법을 찾고, 정확한 데이터를 모아 더 많은 생명을 살리려 한다. 지금 우리가 가진 건 정수기 세 대뿐이지만 이것이 마중물이 될 것이다.

설사는 나이지리아 10대 사망 원인 중 3위 안에 들어간다. 오염된 물은 기생충, 콜레라, 장티푸스 등 수인성 질환을 일으켜 사람들의 건강과 생명을 앗아간다. 마셔도 아프지 않은 깨끗한 물이 사치가 되지 않길 기도하며 꿈에서 시작된 일을 한 걸음씩 실행에 옮겼다.

닥터 우쉐와 함께 이동진료를 나갔던 타라바주 고원 도시 겜부에서 세 곳의 수원을 검사했다. 천여 명이 사는 산꼭대기 쿠 마을에서는 주민들이 가파른 계곡을 15분 정도 내려가면 나오는 개울물을 사용했다. 평지에 있는 라리 마을 주민 500여 명은 저지대에 고이는 웅덩이물을 마셨다. 도시 안의 가다 마을 주민들은 경사로 바위틈에서 나오는 물을 사용했다. 수질검사 결과, 당연히 마실 수 없는 물이었다.

정수기로 안전한 물을 공급하고자 시작한 단순한 계획이 수원을 어떻게 오염으로부터 보호할 것인가로 확대되었다. 라리와 가다 마을은 벽을 세우는 콘크리트 공사로, 쿠 마을은 계곡물을 가둬 보를 만들면 물을 보호할 수 있는지 고민했다. 이 모든 것은 마을 사람들의 동의가 필요한 일이었다.

전기가 없는 마을에서 정수기를 쓰려면 태양열 시스템이 필요했다. 태양열 공부를 새로 시작했다. 패널 크기, 태양 전기 조절기 출력, 배터리 용량, 변압기 연결 등을 고려해 정수기를 설치해야 했다. 정수기를 들여오는 것도 큰 숙제였다. 방문객 가방에 기계를 넣어오기에는 한계가 있었다. 프로젝트를 지속하려면 정상적인 수입 통관절차를 밟아야 하는데 운송 비용도 만만치 않았다.

우선 난민 아이들이 있는 시티 오브 레퓨지 학교에 정수기와 물통을 전달했다. 작은 오존 정수기의 성능은 탁월했다. 아이들이 매일 마시는 물을 안전하게 만들어주었다. 우리는 노출된 우물 입구를 올리고 뚜껑을 달았다. 이 학교의 총무인 라시시는 오염된 물을 마시고 아픈 아이들이 줄어 병원비 지출이 크게 절약되었다며 고마워했다.

자라존의 클라파이 고아원에도 정수기를 설치하기로 했다. 200명의 아이들이 함께 살면서 고등학교 과정까지 마치는 이 고아원에는 20명의 자원봉사 교사들이 돕고 있었다. 총무인 다니엘이 기숙사로 안내했다. 맨바닥에 매트와 낡은 모기장이 전부인 어둡고 퀴퀴한 방 곳곳에는 이불을 뒤집어쓰고 누워 있는 아이들이 있었다. 몸이 아파 수업에 들어가지 못한 것 같았다. 어떠냐고 묻는 다니엘의 말에 대답하는 것을 보니 아이들의 상태가 응급은 아닌 것 같아 조금은 마음이 놓였다.

이곳의 우물 물과 시추공 물 샘플을 가지고 돌아오는 내내 어두컴

컴한 방에 누워 있던 아이들이 아른거렸다. 의료 선교사가 아픈 고 아들을 일곱 명이나 만났는데 말 한마디 건네지 못하고 돌아온 것이 영 마음에 걸렸다.

두 주 후 수질검사 결과가 나왔다. 예상한 대로 세균이 많아 마실 수 없는 물이었다. 태양열 시스템과 오존 정수기를 설치했다. 그런데 다음 날 이 물을 사용할 수 없다는 연락이 왔다. 정수한 물이 붉은색 으로 변해 무서워서 마실 수 없다고 했다. 무슨 이유인지 태양열 배 터리도 작동하지 않았다.

확인을 위해 고아원의 물 네 통과 오존 정수기를 집으로 가져와 검사했다. 배터리에 이상은 없는데, 정말 물이 붉은색이었다. 시간이 지나자 우물 물은 침전이 생기며 물색이 좋아졌지만, 시추공 물은 침전 없이 붉은색 그대로였다. 박성진 교수님과 상의한 결과 이곳 물에는 철금속이 많다는 결론이 나왔다. 그러고보니 고아원 주변에 유명한 광산이 있었다.

오존 정수기만 가져다 놓으면 되겠지 하고 시작한 일이 이렇게 어렵고 비용이 많이 들 줄 몰랐다. 정수기 300달러, 운송비 40달러, 태양열 시스템 100달러, 물 검사 90달러, 물통 60달러, 상자 10달러가 추가되어 총 600달러가 되었고, 여기에 중금속 검사와 침전 물통 구입으로 200달러가 추가되었다.

점점 문제가 커지자 그만두고 싶은 충동이 일었다. 내가 보기에는 심각했으나, 오늘 당장 먹고사는 게 걱정인 이곳 사람들에게 정수기는 그리 급한 문제가 아닌 것 같았다. 하지만 고아원 방에 누워 있던 아이들 중에는 분명 오염된 물 때문에 병이 난 아이도 있었을 것이다.

주말에 빙햄의과대학 학생들 다섯 명이 병원에 입원했다. 장티푸스였다. 한국에서는 한 번도 경험해보지 못한 제1군 법정전염병(현 제2급 법정감염병)이었다. 이 병은 정말 치명적이다. 일단 병이 진행하여 장이 터지면 수술해도 회복하지 못하고 운명을 달리하는 사람이 나온다. 장티푸스는 수인성 질병이라 깨끗한 물만 확보되면 걸리지 않는다. 그런데 안전한 그 물이 이곳에서는 사치품이다. 다행히 학생들은 약을 먹고 증세가 호전되었다. 대학에서는 앞으로 어떻게 장티푸스를 예방할 수 있을지 논의하고, 오존 정수기를 학생들 270명이 생활하는 두 기숙사에 설치했다.

상상하기조차 힘든 가난한 사람들의 고된 삶은 거대한 바위산처럼 능력이 부족한 나를 누르지만, 이런 무게가 머릿속의 이상을 가슴으로 내려오게 하고 다리까지 움직이게 만들어 계속 걸어갈 힘을 준다. 얼마 전, 캉가에 있는 클라파이 고아원의 총무 제임스가 내게 말했다.

"지난달 기계를 떨어뜨려 고장나는 바람에 정수를 못한 석 주 동안 일곱 명의 아이들이 아파서 병원에 갔습니다. 하지만 새로운 성수기로 교체하고 나서는 아이들이 건강해졌어요. 줄어든 약값으로 음식을 더 살 수 있었죠. 이전에는 선생님들이 고아원 물을 못 믿어 출근할 때 생수를 사와서 마셨는데, 지금은 저를 포함해 모두 집에 갈 때 고아원의 정수기 물을 담아갑니다."

무슬림 마을에
설치해도 될까요?

"닥터 리, 혹시 무슬림 마을에도 정수기를 설치할 수 있을까요?"

정원사이자 정수기 프로젝트를 함께하는 피터가 물었다. 그는 7년 전 한 무슬림 가정을 알게 되었다. 마침 비슷한 연배가 있어 집에 놀러가 잠도 자고 밥도 같이 먹는 친구가 되었다. 그 친구의 어머니는 원래 기독교 가정에서 자랐다. 내전으로 남편을 잃고 무슬림과 재혼하면서 교회와 멀어졌다고 한다.

친구가 사는 가가로 마을에는 200여 명의 무슬림이 살고 있다. 비포장도로를 한 시간 반 정도 달려 마을에 도착하니 큰 망고나무 아래 왕(추장)과 어른들이 기다리고 있었다.

"하얀 사람(외국인)이 왔다."

아이들이 졸졸 따라왔다. 외국인을 처음 보는 어린아이는 무섭다고 울며 도망갔다.

세월이 느껴지는 마을의 공동 우물은 심하게 오염되어 있었다. 정수기를 설치할 가장 안전하고 마을 사람들이 사용하기 좋은 장소를 찾았다. 모스크였다. 서부 아프리카 최초로 모스크에 크리스천의 후원으로 오존 정수기가 설치되었다.

동네 사람들이 다 모인 가운데 오존 정수기를 어떻게 쓰는지 시범을 보였다. 일을 마무리짓는 의미로 피터가 제안했다.

"마을 주민 중 한 분이 기도하면 좋겠습니다."

마을의 왕은 이슬람 선생인 이맘을 지목했다. 그는 빠른 아랍어로 축복 기도를 했다. 그가 기도를 마치자 왕은 이제 너희 차례라고 했다. 우리 운전기사이자 정수팀 공식 대변인 에즈키엘이 기도를 시작했다.

"하나님, 우리가 왜 여기 왔는지 아시지요? 감사합니다. 이 마을이 저희를 받아들이고 정수기 설치를 허락해주었습니다. 기계가 잘 사용되어 많은 생명을 살리게 해주세요. 비록 종교는 다르지만 관계가 지속되고, 우리 모두 살아계신 한 분 하나님을 만나길 원합니다."

오존 정수기를 설치한 지 사흘 후, 피터가 다시 마을을 방문했다. 사람들이 얼마나 열심히 정수기를 쓰던지 물통 20개가 나란히 줄지어 있는 장면을 사진으로 찍어 왔다. 피터는 정수기를 설치하던 날, 마을 사람들에게 먼저 기도를 시킨 이유를 말해주었다.

"우리가 먼저 들어야 하기 때문입니다. 함께 밥 먹고 함께 자며 이들의 삶과 어려움을 이해해야 합니다. 그러면 나눌 기회가 옵니다. 섬김이 먼저입니다. 크리스천들이 우리를 정말 사랑하는구나, 어떻게 하나님이 이런 마음을 그들에게 주셨을까, 하는 질문이 나와야 합니다. 하나님만이 그들의 마음을 여실 수 있습니다."

초등학교도 졸업하지 못한 나이지리아 농부 피터에게 진짜 선교를 배웠다.

조스에서 다섯 시간 거리에 있는 곰베주로 갔다. 빌리리에 있는 현지 선교사 자녀 학교와 범범 마을의 식수원 수질검사를 하기 위해서였다. 가는 도중 나이지리아에서 꼭 먹어야 하는 간식이 있다고 해 바쁜 와중에 무슬림 도시 바우치에 들렀다. 한 개에 백 원하는 마사를 사기 위해 30분이나 줄을 섰다. 바로 앞 사람이 백 개를 샀다. 우리도 마사를 입에 하나씩 물고 길을 재촉했다. 모양과 맛이 꼭 우리나라 술떡 같았다. 이 집은 BBC에도 소개된 나이지리아 최고의 마사 집이다. 무슬림 도시의 맛집으로 성공한 마사 집 크리스천 사장을 응원했다.

빌리리의 현지 선교사 자녀 학교는 ECWA 교단에서 운영하는 선교사 자녀 학교 중 하나다. 한국의 이능성, 서재옥 선교사님이 1999년에 시작했다. 156명의 선교사 자녀들과 20명의 스태프들로 잘 운영되고 있다. 마당에 멋진 망고나무가 많았다. 먹는 문제를 돕기 위해 망고나무를 심었다는데 이제는 숲이 되었다.

수질검사를 마치고 한참을 더 달려 일곱 시간 만에 범범 마을에 도착했다. 강과 늪지가 계속 나타나면서 비포장이라고 말하기조차 힘들 만큼 길이 험했다. 아슬아슬하게 달려가다가 결국 차를 포기하고 걸었다. 범범 마을은 정말 가난했다. 강이 유일한 식수원이다. 강이 마르는 건기에는 구덩이를 파서 물을 모은다. 그 물을 사람도 마시고 동물도 마신다. 우물은 만들 수 없다. 진흙 지대라 조금만 파고 내려가도 지반이 무너지기 때문이다. 대충 봐도 더럽지만 수질검사를 위해 강물을 떴다.

이 지역의 현지 선교사는 하나 있던 아이를 잃은 후 오지에서 사역하고 있었다. 22년의 백전노장이다. 말 한마디 행동 하나에도 단단힘이 전해진다. 정수기 박스를 집에 붙여야 하는데 흙벽이라 걱정했다. 정작 이 선교사의 가정은 한 번도 하지 않았을 사치스런 고민이었다.

한 달 후, 다시 여덟 시간을 달려 곰베주의 기단타다 마을과 범범 마을로 갔다. 각 마을에서 최초로 태양열 시스템으로 작동하는 정수기를 현지 선교사의 집에 설치했다. 지금까지 두 마을 모두 200여 명의 주민들이 강물과 개울물을 떠먹고 살았는데, 이제 깨끗이 정수된 물을 마시게 되었다. 기단타다 마을에서는 동네 청년들이, 범범 마을에서는 어른들이 몰려와 신기한 듯 정수기를 구경했다. 설치를 마치고 시험 가동한 후 물을 나눠 마셨다. 개울물을 정수했는데, 내 눈에는 여전히 탁해 보였다.

'그래도 세균은 다 죽었으니 괜찮기를……' 하고 기도하며 마셨다.

마을에서 하룻밤을 잤다. 워낙 오지라 조금이라도 고생을 덜 하려고 침낭, 수건, 살충제, 모기 기피제, 손전등, 베개까지 다 들고 왔는데 중요한 딱 한 가지를 빠뜨렸다. 두루마리 휴지였다.

"아이한테 망치를 주면 모든 것이 못으로 보인다"는 말이 있다. 주객이 전도되기 쉬운 인간의 오류를 꼬집는 말이다. 우리의 목표는 정수기 설치가 아니다. 정수기는 하나님의 영광을 드러내기 위한 하나의 도구일 뿐이다. 꼭 필요한 다른 연장들이 있다. 지혜, 자비, 오래 참음, 절제, 믿음, 화평…….

"모든 것에 사용하는 하나의 도구는 없다…… 망치가 아닌 연장통을 준비하라."

한스 로슬링이 『팩트풀니스』[18]에서 한 말이다.

2020년 새해, 정수기 프로젝트의 동역자 피터와 에즈키엘, 그리고 나 셋이 조촐한 기도회를 가졌다. 피터는 병원과 선교사 사택을 돌보는 정원사로 집에 뱀, 쥐, 벌, 흰개미, 구더기가 나올 때 제일 먼저 찾는 사람이다. 나와 함께 병원 주위에 꽃과 나무를 심고 3천 수가 넘는 꽃나무를 관리한다. 그는 성실하고 부지런하며 결코 다른 사람에 대해 나쁘게 말하지 않는다. 처음부터 정수기 프로젝트도 함께했는데, 그는 지붕에 올라가 태양열판을 설치하는 위험한 일을 맡고 있다.

에즈키엘은 세 살 때 아버지를 잃고 홀어머니 밑에서 육남매와 함께 자랐다. 너무 가난해 학비를 내지 못하는 유일한 학생이었다. 고등학교를 마치고 바로 운전을 배워 생계에 뛰어들었다. 그는 부업으로 신발 제작과 프린트 사업을 한다. 웨딩 카드, 캘린더, 홍보물, 스티커 등을 만들어 파는데 미적 감각이 있다. 노련한 운전기사로 위험하고 고된 장거리 길을 운전할 뿐 아니라 정수기 제작, 설명서 인쇄도 하고, 말을 잘해 교육까지 맡고 있다.

2018년 7월부터 1년 반 동안 정수팀은 23대의 정수기를 18군데에 설치했다. 우리는 이곳의 이름을 하나하나 부르면서 축복하고 기도했다.

우리가 하는 정수기 사역의 목적은 무엇일까 생각하며 기도하다가 "Serving Others with Water(물로 다른 사람들에게 봉사하기)"라는 말이 떠올랐다. 우리 일의 첫 번째 목표는 깨끗한 물(Water)이다. 오염된 물을 식수로 쓰는 가난한 마을에 깨끗하고 안전한 물을 공급하는 것은 생명을 주는 일이다. 감사하게 오존 정수기를 만나 좋은 물을 공급할 수 있게 되었다. 두 번째 목표는 다른 사람들(Others)을 위한 일이다. 우리는 우리 자신이 아닌 다른 사람들의 건강과 행복을 위해 일한다. 세 번째 목표는 봉사(Serving)다. 사람들은 오존 정수기보다 그걸 설치하러 오는 우리를 먼저 관찰한다. 어떻게 대화를 나누는지, 사역자와 마을 사람들을 존중하는지, 사랑으로 일하는지 다 보고 있다. 어쩌면 깨끗한 물보다 우리가 주민들과 맺는 관계를 통해 하나님의 살아계심이 전달될 것이다.

"Serving Others with Water"의 앞 글자를 따면 SOW(씨 뿌리다)가 된다. 이렇게 해서 우리 사역의 이름 'SOW'가 탄생했다.

깨끗한 물을 공급하는 일은 중요하다. 하지만 온갖 삶의 어려움에 끌려다니며 기진한 가난한 사람들에게 '물'은 그저 많은 문제 중 하나일 뿐이다. 광야에 한 줌 씨를 들고 나간 농부의 간절한 마음으로 정수기 하나하나를 심어갈 뿐이다.

보코하람이
되고 싶어요

"최근 북동 지역에서 엄마와 피난 온 남자아이가 있습니다. 앞으로의 꿈을 묻자 '보코하람이 되고 싶어요'라고 대답하네요. 소년은 아마도 가난한 마을로 쳐들어온 그들을 보았을 것입니다. 오토바이 굉음을 울리며 총을 휘두르는 사람들, 대단했겠지요. 그들의 모습이 여섯 살 남자아이의 마음에 각인되었습니다."

난민캠프에서 일하는 조슈아가 내게 들려준 말이다. 악은 겉으로 볼 때, 힘 있고 멋져 보일 수 있다. 여섯 살 아이의 마음까지 사로잡을 정도다. 그러나 우리는 안다. 오직 십자가만이 악을 이길 수 있다는 것을……. 오토바이의 자유보다 그리스도의 자유가, 총의 힘보다 창조주 하나님의 능력이 비할 수 없이 크다는 것을…….

나이지리아에는 보코하람으로 대표되는 사태로 지난 10년간 3만 5천 명이 죽었다. 그리고 살기 위해 그들을 피해 내려온 200만 명의 난민이 있다. 그들이 가장 많이 몰려 있는 도시가 마이두구리다.

우리 정수팀은 보코하람의 발생지 마이두구리로 떠날 계획을 세웠다. 도시 안은 안전하지만 주변 백 킬로미터 지역은 언제든지 상황이 위험해질 수 있다. 눈에 띄면 안 되기에 튼튼한 SUV 차량 대신 소형 승용차를 택했다. 현지인도 위험한데 이방인인 나는 납치 가능성까지 있었다. 나의 선택은 네 가지 중 하나였다. 첫째, 비행기로 갔다가 오기. 수도 아부자까지 돌아가야 해 시간과 경비가 많이 든다. 둘째, 육로로 갔다가 비행기로 오기. 같은 길을 이용하면 돌아올 때 납치 가능성이 있다. 셋째, 무장 경호원 대동하기. 경호원을 얼마나 믿을 수 있느냐가 문제다. 넷째, 가지 않기. 나는 소심한 외국인답게 4번을 선택했다.

나를 제외한 정수팀은 3박 4일 동안 마이두구리의 난민캠프 네 곳에 정수기를 설치했다. 각각 125명, 274명, 360명, 2천 명이 수용된 캠프였다. 그곳에는 7년째 고향에 가지 못한 가정들도 있었다. 그들에게 마셔도 배 아프지 않은 물을 선물했다. 부디 정수 시스템이 고장 없이 잘 돌아가 고달픈 난민들에게 위로가 되길 바랐다.

마이두구리 캠프를 우리에게 소개하고 가이드한 사람은 YWAM(예수전도단)의 코디네이터 쿠람이다. 쿠람은 2007년부터 마이두구리에서 사역했다. 그러다 치안 악화로 더 이상 머물 수 없어 가족과 함께 조스로 옮겨왔다. 이후에도 그는 마이두구리를 가슴에 품고 난민들을 찾아다녔다. 그는 특히 나이지리아의 미래가 교육에 있다고 믿고 방치된 난민 아이들을 모아 가르치는 일을 하고 있다. 쿠람은 빅터라는 마이두구리 사역자도 소개했다. 빅터는 마이두구리 난민캠프들을 순회하며 사람들을 위로하고 말씀을 전하는 용감한 전도자다.

이틀 후, BBC 뉴스를 보고 나는 놀란 가슴을 쓸어내려야 했다. 마이두구리에서 겨우 20킬로미터 떨어진 마을에서 테러가 일어나 차량 18대가 불타고, 30명 이상이 죽고, 여러 사람이 납치되었다는 뉴스였다. 우리 팀이 지나간 길에서 다음 날 일어난 참사였다.

1년 후, 우리 팀은 마이두구리를 재방문했다. 특별히 위험한 곳이라 차량 점검을 하고 또 했다. 현지 사역자와 연락해 도로 상태와 치안을 확인했다. 이번에도 나는 조스에 남았다. 그들이 떠나고 나서 두 시간 후, 전날 밤 목적지 주변에서 총격전이 벌어졌다는 뉴스를 접했다. 여의도 두 배 되는 지역에 백만 인구가 살고 있는데 보코하람 때문에 외부와 연결된 도로는 하나밖에 없었다. 난민을 돕는 유엔세계식량계획 같은 국제기구 사람들은 비행기로만 다닌다. 이곳은 내륙인데도 섬처럼 고립되어 있다.

네 개의 난민캠프에 설치한 다섯 대의 정수기를 점검했다. 안타깝게도 모두 사용하지 않고 있었다. 물이 이 정도면 깨끗하다, 옆집에 관정수가 있다 등 이유도 여러 가지였다. 정수기 관리비로 일당을 주면 생각해보겠다는 캠프도 있었다.

"하루하루 살아남기도 벅찬 캠프 사람들에게 가장 필요한 것은 음식이고, 그다음은 옷입니다. 물은 관심이 없습니다. 게다가 사람들이 이동이 많아 정수기 관리가 되지 않네요."

피터의 보고였다. 그는 캠프 관계자들과 신중히 상의하고 정수기를 회수했다. 이미 힘든 일을 많이 겪은 사람들이라 저항이 있을까 염려했지만, 더 필요한 곳에 설치한다는 조건으로 허락을 받았다.

사흘간 1,200킬로미터의 일정을 마친 우리 팀의 차는 트럭에서 떨어진 돌에 맞아 앞 유리가 깨진 채 돌아왔다.

"시내 총격 사건을 미리 알았다면 못 가게 했겠지요?"

운전기사 에즈키엘이 웃으며 말했다. 우리의 감사 기도는 간단하고 절실하다.

"총 안 맞고, 납치되지 않고, 살아 돌아와 감사합니다."

2021년 2월, 그동안 설치한 정수기 점검을 위해 39곳에 달하는 장소를 순회 방문했다. 기계 두 대, 오존칩 두 개, 그리고 배터리 여덟 개를 교체했다. 정수기 회수는 마이두구리의 다섯 대로 일단락되었다. 이 정도면 정수기 성능과 태양열 시스템의 안정성은 입증되었다. 대부분의 지역과 고아원에서는 정수기가 잘 사용되고 있었다. 일단 정수기 물을 먹으면 다른 물은 먹지 못한다고 한다.

"이제는 아이들이 물맛이 다르다는 걸 알아 다른 물은 마시지 않습니다."

"가까운 병원에 가보면 우리가 지불한 병원비가 적혀 있습니다. 작년에 50만 원이었던 병원비가 정수기를 설치한 올해는 2만 원입니다. 학교일, 농사일, 캠프 관리로 바쁜 일정 중 병원에 아이들을 데려가지 않아도 되니 큰 도움이 됩니다."

난민캠프 관리자들의 피드백이다.

SOW팀에게 정수기 설치는 씨를 뿌리고 기다리는 사역이다. 설치는 금방이지만, 이어지는 관계 속에서 대화하고 접촉하는 시간은 길다. 정수기가 제대로 사용되지 못하고 회수된 마이두구리 캠프의 경우는 안타깝다. 사람 수가 소형 정수기의 처리 범위를 한참 넘어선 곳이기는 했다. 그래도 시도했고 무사히 회수한 것으로 위안을 삼았다.

> 복음 전도는 사람이 씨를 뿌리고 나서 하나님께서 그것을 어떻게 자라나게 하실지 희망을 가지고 기다리는 반면, 포교는 이미 다 자라난 꽃을 새 지역에 단순히 옮겨 심는 것과 같다(요하네스 호켄다이크).[19]

SOW 사역으로 하나님께서 예비하신 땅이 있을 것이다. 그곳에서 다시 뿌리내리고 싹을 틔우길 기도했다.

몰래 한 기도

크리스마스를 앞둔 23일, 남자 환자가 전원되어 왔다. 37세, 한 달 만에 재발한 결석에 의한 급성담낭염 환자다. 복강경 수술이 최선인데 기구를 잘 아는 수술방 간호사는 아들 결혼으로 휴가 중이다. 우선 항생제를 쓰기 시작했다. 여차하면 개복 수술이다. 다행히 닷새간의 입원 치료로 회복되었다.

3주 후, 외래에서 만나 수술 일정을 잡았다. 염증과 유착 정도에 따라 수술이 어려워질 가능성에 대해 이야기했다. 나이지리아에서 수술할 때 가장 큰 걱정은 전기가 나가는 것이다. 비상용 병원 발전기까지 멈추면 대책이 없다. 환자에게 이런 점을 설명하다가 내 잘못도 아닌데 미안해서 쩔쩔맸다.

수술 전날, 복강경 기계 점검을 한 수간호사가 괜찮다는 사인을 보냈지만 의심스러웠다. 1년 6개월 전에 사용하려다가 전기소작기 고장으로 포기한 후 계속 창고에 방치했던 기계였다. 성공적인 마지막 복강경 수술이 맹장 제거술인데 자그마치 4년 전의 일이다. 장비 작동 여부도 문제지만 의사인 나도 오랜만에 하는 복강경 수술이라 실수할까 봐 마음이 가볍지는 않았다. 유튜브와 책으로 담낭 절제술기를 복습했다. 환자가 안 왔으면 좋겠다는 기도도 남몰래 드렸다.

수술 날, 제일 먼저 창고 먼지를 털어내고 기구들을 챙겼다. 수술 중 어떤 장비가 멈출지 모르기 때문이다. 수술실에는 실습 학생들이 바글바글했다. 흔치 않은 복강경 수술이라 오늘따라 많이들 모였다.

마취하고 수술포를 덮고 수술을 시작했다. 하나하나 세팅해나갔다. 소작기 작동, 흡입기 작동, 세척기 작동, 가스 작동, 복강경 라이트 작동…… 그 와중에 전기가 나갔다. 깜깜한 수술방에서 "주여!"를 외쳤다.

전기가 다시 들어왔는데 이번에는 카메라에서 막혔다. 화면이 너무 번져 보인다. 짙은 안개 속 같은 영상이다. 아무리 닦아내고 케이블을 다시 연결해도 달라지지 않는다. 그렇게 장비 확인만 한 시간을 하다가 더 이상 지체할 수 없어 개복 수술로 전환했다.

워낙 유착과 염증이 심해 조심해야 했다. 두 시간을 끙끙대고 겨우 절제한 담낭을 손에 쥐었다. 뚱뚱해진 담낭 안에서 돌들이 셀 수 없이 쏟아져 나왔다. 다들 탄성을 질렀다. 수간호사가 빨리 개복하기를 잘했다고 칭찬했다. 카메라 빼고 다른 장비가 다 작동한 것도 드문 일이라고 나도 축하의 말을 건넸다.

선교지의 상황은 어려운 질병 같다. 그것을 자신의 몸에 받아들이고 치유를 시도하는 사람이 선교사가 아닐까 생각한다. 다니엘 E. 파운틴은 『전인 치유』[20]에서 이렇게 썼다.

> 나는 질병으로부터 회복되지 않았다. 그렇지만 질병으로 인해 점점 지혜로워지고 있다. 완전한 회복은 항상 가능하지 않지만, 지혜를 얻는 것은 거의 항상 가능하다.

비록 질병의 무게에 짓눌려 신음하기 일쑤지만 여기서 지혜를 얻는 게 중요하다. 우리의 부르심은 비록 완전히 회복되지 않더라도 같이 살아가는 데 있기 때문이다. 한국 기독병원들의 비전은 탁월한 의술과 하나님 사랑으로 요약된다. 나이지리아도 비슷하지만 전제가 있다. '전기와 물이 없어도' 탁월한 의술이요, '부정부패와 치안의 불안 속에서' 하나님 사랑이다. 선교사의 역할은 무슨 일이 있어도 다시 시도하고, 한계를 솔직하게 나누고, 이루어진 일에 감사하며, 이 모든 과정에 현지인과 함께하는 것이다. 그 가운데서 분명 지혜를 얻을 수 있다.

코로나 바이러스

이탈리아인 사업가가 사하라 이남 아프리카의 첫 번째 확진자가 되었다. 2020년 2월 27일, 나이지리아 라고스였다. 그 직후 인근 상점들의 물건이 동나버렸다. 정부는 접촉자들을 확인하고 격리했다. 검사 시설 네 곳을 운영하고, 질병본부센터에서 매일 상황을 업데이트하지만 국민들은 불안해했다. 에볼라 때는 소금물을 마시고 소금물로 목욕하기가 유행했는데, 지금은 생강에 레몬이 특효약이라고 민간에 소문이 났다.

빙햄병원은 우선 가장 필요한 마스크와 산소통 상황을 파악했다. 이미 시장의 일반 마스크는 동이 났고, 중국 마스크 공장들이 문을 닫아 수입도 멈추었다. 대안은 천마스크였다. 직접 재봉틀을 돌려 만든 천마스크를 직원들에게 두 개씩 주고 빨아 쓰게 했다. 산소통은 60개가 있었다. 유효기간이 심히 의심스럽지만, 다행히 충전은 시내에서 가능했다. 운반 수레 세 개를 돌려가며 쓰는데 넘어지면 난리가 났다. 산소조절기도 부족했다. 가격을 알아보기로 했다. 그러나 병원에는 돈이 없었다.

일주일 후, SIM 본부로부터 가족과 함께 조기 귀국을 고려해보라는 제안을 받았다. 고민되었다. 목요일, 의사 성경공부 모임을 가졌다. 당연히 코로나 바이러스 얘기가 오갔다.

"우리는 코로나 바이러스에 어떻게 대비해야 할까요?"

나는 필요한 장비들을 염두에 둔 질문을 했다. 현지 의사들의 대답은 기대와는 달랐다.

"밀린 월급을 받아 가족들을 위한 음식을 사고 싶습니다."

마음이 아팠다. 조기 귀국을 포기하고 남기로 했다.

코로나 환자가 늘어나며 상황은 급박해졌다. 3월 20일, 교육부에서 모든 학교를 닫았고, 23일에는 국제공항이 폐쇄되었다. 그다음 날 모든 국경이 닫히고 25일부터 이동 제한이 실시되었다. 이미 많은 선교사들이 귀국했다. 남아 있는 선교사들은 한 달 치 음식과 생필품을 가지고 각자 격리에 들어갔다. 일주일에 한두 번 이동이 허락될 때 얼른 먹을 것을 비축한다. 이제 외국인을 보는 현지인들의 눈빛이 달라지고 있다. 코로나를 외국인 병이라고 생각하는 것 같다. "주님께는 어떤 상황도 놀랍지 않다"는 말이 있다. 기적 같은 하루를 담담히 살아가길 기도했다.

빙햄병원도 본격적으로 코로나에 대비하기 시작했다. 산소조절기 열 개, 산소포화도 측정기 열 개를 구입하고 산소통 운반 수레 열다섯 대는 주문 제작했다. 열 명의 환자가 동시에 산소치료를 받을 수 있는 기반이다. 천마스크로는 바이러스가 제대로 차단되지 않아 마스크와 글러브를 주문했다. 가격이 세 배나 올랐다. 개인보호장구(PPE)를 구할 수 없어 공사용 헬멧에 플라스틱 판을 붙였다. 접착제로는 자꾸 떨어져 헬멧에 구멍을 뚫고 작은 나사로 조였더니 단단히 고정되었다. 고위험 환자를 보는 의료진을 위해 부직포 가운을 준비했다. 헌데 부직포가 생각보다 약해 비닐 가운도 제작했다.

큰 정부 병원의 코비드-19 연수 교육에 다녀온 직원들이 말했다.

"우리 병원 준비가 훨씬 낫습니다."

제대로 시설을 갖추지 못했음에도 그나마 형편이 나은 우리 병원은 직원과 환자 보호율의 목표를 70퍼센트로 정했다. 500명에 이르는 직원과 환자들을 다 커버하지는 못한다. 감염수나 전파 속도만이라도 낮춰보자는 의도에서 설정한 최선의 목표치다. 이런 위험 상황에서도 병원 직원들은 자리를 지켰다. 아무리 바이러스가 무서워도 눈앞에 아픈 사람이 있으면 지나치지 못하는 이들이다. 선교사로서 나의 존재가 0.12밀리미터(글러브 두께)만큼이라도 도움이 되길 기도했다.

나이지리아에서 인구가 가장 많은 주는 남부의 라고스와 북부의 카노다. 확진자 수는 라고스가 가장 많고, 카노에서도 점점 빠르게 증가하고 있다. 카노는 일찌감치 원인 미상의 죽음이 돌면서 우려를 낳았다. 병원에 가보지도 못하고 죽은 가난한 무슬림들은 보통 바로 다음 날 장례를 치른다. 무덤 파는 인부들이 전에 없이 바빠졌다고 한다. 카노는 믿기 어려운 통계 수치보다 인부들의 작업량을 더 신뢰한다. 분명한 위험 신호다.

이비인후과 간호사 아우두와 함께 만든 개인보호장구 50세트를 지원했다. 의심되는 환자를 진료할 때 직원을 보호할 대안이었다. 그 비닐 가방에는 유사시를 대비해 전신 가운, 신발 보호구, 안면 보호구, 마스크, 장갑, 앞치마를 넣었다. 전신 가운을 회색, 푸른색, 베이지색, 흰색으로 했다. 온통 흰색이면 귀신을 떠올려 겁먹고 도망갈 환자를 배려한, 세상에서 하나밖에 없는 안티 스피릿(anti-spirit) 보호구다.

공항과 국경이 닫히고 도시와 주 경계를 봉쇄한 지 6주가 넘어갔다. 록다운의 가장 큰 문제는 음식, 치안, 전기다. 마을에 따라 젊은 남자들이 조를 짜서 불침번을 서고 있다.

2020년 5월 15일 오전, 60대 저명인사 한 사람이 호흡곤란으로 응급실에 왔다. 플라토주의 코비드-19 상황 해결을 위해 알마지리 아이들을 확인하고 집으로 보내는 일을 하던 사람이었다. 알마지리는 이슬람 지도자인 이맘이 운영하는 비공식 수행학교로, 어린아이들이 수년간 집을 떠나 단체생활을 하며 코란과 이슬람 교육을 받는다. 수백 킬로를 이동하며 타 지역에서 구걸하는 이 아이들은 바이러스 전파의 주요 요인으로 주목받고 있었다.

응급실에 들어온 이 남자는 혈중 산소포화도가 40퍼센트에 불과했다. 여러 시도를 했지만 내원 14시간 만에 운명을 달리했다. 다음 날, 코로나 확진 결과가 나왔다. 치료 과정 중 접촉한 24명의 직원이 조사 후 자가 격리되었다. 숨쉬기 힘들어하며 죽어가던 그 사람은 의료진에게 코로나 바이러스의 무서움을 생생하게 보여주었다.

6월, 중환자실 간호사를 시작으로 코로나 바이러스가 본격적으로 확산되었다. 집에서 아이들을 가르치던 선생님이 코로나로 사망한 후 시행된 검사 결과였다. 간호사들을 자가격리하고 중환자실을 폐쇄했다. 의심 증상이 있는 45명의 직원 가운데서 14명의 확진자가 나왔다.

빙햄병원의 하루 수입은 평균 500만 원 정도인데, 코로나 이후

300만 원을 넘지 못했다. 이미 석 달 치 월급이 밀린 상태에서 하루를 버티는 무게가 다르다.

여러 단체와 개인을 통해 들어온 4천만 원 가량의 후원금을 집행했다. 마스크, 장갑, 개인보호구, 직원복, 산소발생기, 흡입기, 대량의 손소독제와 산소치료 보조기구를 구입했다.

"선교사는 떠난 자리에 무엇을 남길 것인가?"

이 질문에 답은 하나다.

"하나님의 영광!"

코로나 바이러스와 보호장비가 과거의 추억으로 사라질 때, 하나님의 영광만 남길 바랐다.

내가 너를
사랑하는 줄
알게 하리라

요한계시록은 1세기 말, 로마의 황제 숭배가 극심하던 시대에 쓰였다. 크리스천이란 이유로 잡혀가고 죽임을 당하던 때, 열악한 환경으로 평균 수명이 30세에 불과한 그 시대에 카타콤(지하무덤)에 숨어 살면서 읽던 성경이다. 그런데 유독 '승리하라', 다른 번역으로는 '정복하라'는 표현이 많이 나온다. 살아남기도 바쁜데 정복하라고 하신다.

코로나 바이러스로 갇힌 처지에서 나무를 심는다. 사람들은 관심도 없는 길가, 소각장 뒤, 쓰레기 쌓인 공터를 활용한다. 냄새나는 화장실에는 '밤의 여왕'이라는 향기 나는 꽃나무를 놓았다. 심은 지 얼마 되지 않아서 그런지 나무가 비실비실하다. 하지만 나에게 이건 작은 정복이다. 하나님은 상황에 반격하는 게 아니라 그리스도를 따름으로 정복하라고 말씀하신다.

1,200그루의 나무를 다 심어가던 5월, 이제는 귀국하게 해달라는

기도가 나왔다. 언제부터인가 전기로 지지는 듯한 통증이 허리와 왼쪽 다리에서 점점 세지고 있었다. 6월 첫 주 남부 도시 포트하코트에 대우 직원들을 귀국시키는 두 번째 비행기가 온다는 소식을 접했다. 차로 14시간 걸리는 석유산업의 도시로 가자면, 비행기를 탈 확률보다 납치될 확률이 더 높았다. 결국 포기했다.

통행금지로 환자는 줄었지만 치안은 여전히 나쁘고 병원 일은 계속되었다. 새벽 2시, 수술실로 불려 나갔다. 자다가 창에 찔려 온 환자였다. 오른쪽 옆구리에서 시작해 폐, 횡격막, 간, 담낭, 십이지장, 위, 췌장 그리고 두 소장이 뚫려 있었다. 전날 다른 병원에서 수술했다는데 위만 꿰매고 전원되었다. 밤새 애썼지만 환자는 이틀 후 숨을 거두었다.

모든 상업 비행기가 멈춘 가운데 한국 대사관과 유엔세계식량계획 직원의 도움으로 유엔 비행기 티켓을 구했다. 우리 가족은 출국 하루 전 새벽 6시, 집을 나와 경찰서 앞으로 갔다. 병원에서 연결해준 두 명의 경찰을 만났다. 그들은 손가락만 한 총알을 한 주먹씩 들고 척척 탄창에 채웠다. 사용할 일이 없길 기도했다. 수도 아부자까지 다섯 시간을 달렸다. 다음 날 비행기에 탑승해 차드의 은자메나와 가나의 아크라, 에티오피아의 아디스아바바의 공항까지 내리고 오르기를 반복하며 기적같이 인천공항에 도착했다. 방역 택시를 타고 구로동 부모님 집을 향해 가는데 길 오른쪽 간판이 먼저 보였다. 나의 중증 근무력증이 재발된 것이다.

지난해 11월, 위장 장애가 심해 배가 많이 아팠다. 마지막 수단으로 지난 24년간 복용하던 스테로이드를 끊었다. 복통이 멎었다. 눈도 잘 보였다. 약을 먹지 않아도 중증 근무력증이 재발되지 않았다. 기적 같은 회복이었다. 부모님에게는 두 달이 지나서야 그 사실을 말씀드렸다. 그 후로 어머니는 내게 전화를 하지 않으셨다. 재발되었다는 말을 들을까 무서워서였다. 석 달 후, 기도편지에 치유 소식을 실으려 했는데…….

나의 중증 근무력증은 왼쪽 눈에 온다. 안구의 외안근 마비가 시작이다. 그러면 두 눈동자가 시선을 맞추지 못해 사물이 둘로 보인다. 더 진행되면 눈꺼풀이 떨어진다. 복시와 함께 격리를 시작했다. 다시 스테로이드를 먹기까지 사흘, 60밀리그램으로 용량을 올리기까지 엿새가 걸렸다. 머리부터 가슴까지 재발을 인정하는 데 걸린 시간이었다. 두 번째로 경험하는 기막힌 타이밍이었다. 첫 번째는 그 힘든 레지던트 4년간 문제없더니 마치자마자 재발한 때였다.

다른 건강 문제가 더 있어 격리 해제 후 병원부터 찾았다. 컨베이어 벨트 위에 올라간 고장난 차처럼 내과, 신경과, 재활의학과, 마취통증의학과, 비뇨기과, 가정의학과, 정형외과, 치과를 돌았다. 허리와 다리 통증의 이유는 왼쪽 무릎 뒤에 숨어 있던 신경혹이었다. 제거 수술을 하느라 나이지리아로 돌아갈 시간이 미루어졌다.

내가 한국에 있는 동안 나이지리아의 치안은 더욱 나빠졌다. 해상에서 납치되었던 한국인이 어렵사리 풀려난 지 얼마 지나지 않아 다시 다섯 명이 피랍되었다. 무장 괴한들은 수도로 이어지는 고속도로를 차단하고 수십 명을 납치하기도 했다. 나이지리아의 코로나 록다

운은 풀리고 있는데, 이번에는 전국적으로 소요 사태가 일어났다. 처음에는 특수경찰 기관의 지나친 권력 남용과 부정을 고발하는 젊은 이들의 시위에서 시작되었다. 하지만 진압 과정에서 총을 쏘았고, 경찰을 포함해 전국에서 69명이 사망했다. 이후로는 현 정부와 기득권에 저항하는 시위로 번졌다. 조스에서는 118명이 구속되었다. 빙햄병원 채팅방에는 정부가 무능하고 부패해 배고픈 사람들이 일어날 수밖에 없다는 글이 올라왔다. 돌아갈 날을 기다리고 있던 아내와 나는 새벽기도를 드렸다. 나이지리아는 주님이 불러주신 곳이다. 코로나보다 시위에 대한 두려움을 이겨내야 했다. 수술 후 3주째인 11월 12일 나이지리아로 돌아갔다.

　직원들 가운데 아팠던 사람들이 꽤 있었다. 코로나인지 말라리아인지 아무도 모른다. 단지 사망이나 심각한 경우가 없었다는 것이 하나님의 은혜였다. 코로나 바이러스로 국경이 폐쇄된 3월, SIM은 고위험군과 고령자는 본국으로 대피해야 한다는 권고를 했다. 그런데 가장 위험한 심장 기저질환자인 두 선교사가 끝까지 남아 본부 사역을 지켰다. 공항이 열린 11월, 안식년을 마치고 돌아온 대표 부부 선교사가 바통을 이어받아 뛰고 있었다. 이런 헌신이 SIM 나이지리아 120년의 사역을 이어간다. 대표의 아내인 하이디가 이렇게 말했다.

　"다 철수할 수는 없잖아요. 지금은 코로나가 대부분의 사람들에게 치명적이지 않다는 걸 알고, 어떻게 대처하는지도 알아서 다행입니다. 보이는 한 걸음만큼 걸어갔는데 앞에 계신 주님이 뒤돌아보며 미소 지어주시는 것 같아 위로가 됩니다."

2021년 3월 2일, 나이지리아에 코백스(백신 보급 국제연합체)를 통해 첫 백신 아스트라제네카 400만 명 분량이 들어왔다. 나이지리아 인구의 2퍼센트다. 25일 아침, 빙햄병원에서 백신을 접종한다는 공고가 떴다. 그런데 이상하다. 백신 부스가 너무 한가하다. 이유는 직원들이 백신 접종에 무관심하거나 아예 접종을 거부했기 때문이다.

"부작용으로 죽고 싶지 않아요. 백신을 맞으면 아기도 못 갖는다면서요?"

안타깝고 속상했다. 병원장에게 건의해 직원들의 백신 접종을 독려했다. 외부인들도 누구나 오면 백신을 맞게 했다. 마치 잔치에 사람들을 강권하며 초대하는 예수님의 비유 같았다.

11월, 오미크론 변이가 확산되었다. 크리스마스 전후로 코로나 환자가 부쩍 늘었다. 인구 2억 명의 나이지리아 백신 접종 완료율은 겨우 1.8퍼센트였다. 거리에서는 마스크조차 쓰지 않는다. 코로나로 선교사들은 많이 위축되었다. 환자들을 위해 할 수 있는 선택지가 많지 않아 조심스럽다. 이 땅이 이렇게 혼란스럽고 아프기 때문에 예수님이 오셨다.

70년이 넘는 역사를 가진 빙햄병원에는 영웅적인 선교사들의 이야기가 이곳저곳에 남아 있다. 명의가 왔다고 나이지리아 전역에서 환자가 몰려왔을 때가 있었고, 산부인과 병동을 통째로 만든 선교사가 있었으며, 1억 원짜리 발전기를 기증하고 장례식장도 세운 사람이 있었다. 그들에 비하면 나는 동양의 작은 나라에서 온 선교사다. 영어는 서툴고, 조언을 경시하는 의사에 속상해하고, 동료 직원에게서 왜 더 돕지 않느냐며 실망했다는 말을 듣는 등 여러 쓰라린 경험을 하고, 새가슴으로 수술하는 보통의 외과 의사다. 내가 할 수 있는 일은 아내와 두 아들과 함께 나이지리아에서 살아남기, 병원과 사역지의 동료들에게 솔직하기, 그리고 기도편지 쓰기다. 나는 부족하지만 주님의 은혜가 있다. 주위 사람에게 우리 가족은 행복하게 잘 웃는다는 말을 종종 듣는다. 이 말은 내게 "하나님이 당신들을 사랑하는 설 알겠습니다"로 들린다.

> 우리 신앙의 묵시록적 특성은 일상을 가능하게 만들 뿐 아니라 일상의 비범함을 볼 수 있게 해준다는 것이다. 예를 들어, 시간을 내어 아이들을 낳고 기르고 우정이라 부르는 시간을 즐길 수 있다는 것은 비범한 일이다.[21]

일상은 평범하지만 비범하다. 그래서 어렵다는 것을 코로나 현실을 통해 다시 배운다.

8장
신비를 경험하는 여정

실천적인 사랑 그것은 노동이자 인내이며,
어떤 사람들에겐 아마 하나의 완전한 학문과도 같을 것입니다.
그러나 미리 말씀드리지만, 모든 노력에도 불구하고
목적에 가까이 가기는커녕 오히려 더욱 멀어진 듯하다는 것을
스스로 공포마저 느끼며 목도하는 바로 그 순간,
바로 그 순간에, 미리 말씀드리는 바이지만,
부인께서는 갑자기 그 목적에 도달할 것이며,
언제나 부인을 사랑하고 언제나 비밀스레 인도해주셨던
주님의 기적적인 힘을 부인 위에서 분명히 보게 될 것입니다.
표도르 도스토옙스키, 『카라마조프가의 형제들』

인내의 숙성

한국에서 고이 가져온 포장김치를 열었다. 아껴 먹으려 했는데 사흘을 못 참고 포장을 뜯고 말았다. 그런데 이건 무슨 맛? 소금, 고춧가루, 액젓, 배추가 전부 따로 놀고 있었다. 실망한 마음에 찾아보다 '김치도 미친다'는 걸 알았다. 한국에서 아프리카로 이틀을 날아와 미친 것은 아니고, 생김치와 익은 김치 중간 지점의 발효와 숙성이 충분히 되지 않은 까닭이었다.

존경하는 이태웅 목사님에게 재미있는 제목의 책을 소개받았다. 앨런 크라이더의 『초기 교회와 인내의 발효』[22]다. 김치도 아닌데 인내의 발효(숙성)가 주제다. 로마의 황제 콘스탄티누스 1세에 의해 기독교가 공인된 주후 313년 이전, 초기 기독교에 대한 책이다. 크리스천이란 언제든지 죽임을 당할 수 있는 후보라고 정의되던 때, 이웃의 강탈과 사회의 박해가 이어졌다. 황제와 원로원, 총독이 다스리던 시대에 초기 크리스천들의 수는 너무 미약했다. 그런데 엄청난 대가를 치르고도 믿는 사람들이 놀랍도록 증가했다. 그 이유를 파고든 저자는 '인내'라는 포인트를 찾아냈다. 초기 교회 성도들은 인내와 함께 살아가는 사람들이었다. 더 나아가 인내를 숙성시켰다.

그들은 손해를 보더라도 정직하게 사업했다. 깨끗한 성생활을 했다. 여자와 어린아이를 존중하고 절제된 성령의 능력을 행사했다. 가난하고 병든 이웃을 돌아보고, 영아살해 금지 같은 생명 존중을 실천했다. 신앙을 강요하지 않고 하나님의 심판을 기다렸다. 인내는 하나님을 신뢰하는 삶이다. 결과를 조종하려 들지 않는다. 위험을 무릅쓰거나 서두르지 않고 하나님께서 주신 속도대로 살아간다. 인내는 돈, 섹스, 힘 등 모든 영역에서 행동을 바꾼다. 인내는 폭력적이지 않고 복수 없는 상처를 받아들인다. 인내는 미래가 분명히 하나님께 속해 있음을 믿는다.

미친 김치 덕분에 묵상을 제대로 했다.

새벽 1시, 잠이 오지 않는다. 어제 일이 생생하다. 39세 남자가 6년 전 맹장수술 이후로 배가 아프고 혹이 만져진다며 진료실에 왔다. 복부 CT를 찍어 보니 8센티미터의 복막암과 4센티미터의 간 전이가 의심되었다. 모든 결과를 종합하면 수술이 최선이지만 빙햄병원은 한계가 있었다. 하지만 환자의 지인인 전 병원장의 부탁을 거절할 수 없어 집도의가 되었다.

복부를 열자 종괴 주위로 장들이 심하게 들러붙어 있었다. 조심조심 박리한다. 하지만 가위가 톱 같다. 유착과 함께 발달된 혈관에서 피가 많이 난다. 저절로 풀리는 집게로는 지혈이 되지 않는다. 유효기간이 지난 실은 쉽게 끊기고, 조수로 들어온 레지던트는 어리숙하다. 이 빠진 가위로 하는 무딘 가위질에 간신히 묶은 실이 뜯겨 더 큰 출혈이 생겼다. 피를 닦아내는 수건은 여분이 없어 스크럽 간호사(집도의 옆에서 수술을 돕고, 필요한 수술 도구를 건네는 간호사)가 흥건해진 수건을 짜서 준다. 장 절단용 기구도 없다. 후회가 몰려왔다. 고생한 줄 알면서 왜 수술을 맡았을까? 출혈 부위를 손으로 누르며 뛰는 가슴 가라앉히길 여러 번, 천천히, 또 천천히, 일곱 시간이 지나서야 수술을 마쳤다. 종괴와 함께 우측 대장을 절제하고 간생검을 했다.

해 질 무렵 집으로 돌아왔다. 목도 팔도 허리도 아프다. 저녁밥과 타이레놀을 먹고 이른 잠을 청했다. 다시는 수술을 하지 않기로 마음먹었다.

점점 낡아가는 기구 외에는 바뀐 게 없는 병원의 지난 10년! 늘어난 흰머리와 침침해진 내 눈이 말해주는 그 시간 동안 도대체 나아진 게 무엇인가? 전기가 들어오고, 물이 나오고, 소작기와 흡입기가 작동하고, 에어컨이 돌아간다는 정도가 좋아진 걸까? 분노하거나 조용히 사라지는 선교사의 길 어딘가를 나도 따라가고 있는 것은 아닌지 마음이 무겁다.

'도구 문제로 환자의 안전을 위해 나는 더 이상 수술할 수 없습니다.'

이렇게 말하려고 마음먹었다. 목적은 수술을 안 하는 것이 아니라 수술실에 변화와 대안을 가져오는 것이다. 또 다른 줄다리기를 시작한다.

몇 달 동안 나는 수술에서 한 발짝 떨어져 있었다. 특히 전신마취 수술은 나의 요구 사항이 갖춰졌을 때 하려고 했다. 이 와중에 이비인후과 간호사 아우두가 장모의 담낭결석 수술을 부탁했다. 나는 수술실과 나의 사정을 알리고 안전한 수술을 위해 다른 병원으로 갈 것을 권유했다. 일주일 후, 아우두가 다시 왔다. 나이지리아의 모든 병원이 파업 중이라고 했다. 나는 세 가지 조건을 갖추면 이 수술을 진행하겠다고 말했다. 첫째, 수술 전 준비, 수술 그리고 수술 후 치료, 모든 과정에 참여할 레지던트를 구한다. 둘째, 수술 전 검사 결과를 수술 전에 확인한다. 셋째, 수술 중 아우두가 수술방 안에 상주해 필요한 도구 찾기를 돕는다.

조건을 받아들이겠다고 해서 수술 준비를 했다. 전기가 나갈 것을 대비해 손전등과 건전지를 확인했다. 그리고 비밀 박스를 챙겼다. 한국에서 구해온 '잘리는' 가위, '잡히는' 집게 등이 들어 있다. 수술 도구들이 영 말을 안 들을 때 열어볼 최후의 보루다.

이전과 다르게 수술 전에 수술방 수간호사가 와서 필요한 실의 종류와 도구에 대해 질문했다. 그리고 직접 조수로 섰다. 수술 중 가위가 들지 않자 얼른 다른 가위로 바꿔주었다. 비밀 박스를 열지 않고 무사히 수술을 마쳤다. 회복 후, 외래에서 만난 아우두의 장모는 고맙다며 달걀 20개가 든 꾸러미를 건넸다.

인간은 스스로 결정하고 행동하지 않으면 발전하지 못한다. 남이 문제를 대신 해결해주면, 동일한 문제가 다시 발생하거나 더 어려운 일이 닥칠 때 해결할 수 없다. 줄다리기는 계속된다. 그 길 끝에 더 나아진 빙햄의과대학병원 수술실과 중환자 치료가 있길 바랄 뿐이다.

지난 10년간 선교지에서 보낸 삶을 인내라고 부를 수 있다면 이제는 숙성되길 원한다. 숙성은 눈에 보이지 않지만 깊은 변화를 만들어 낸다. 힘을 빼고 삶 속으로 들어가는 인내의 숙성을 구한다. 성령의 도움으로 '맛있는 선교사'가 되길 소망한다.

10분 거리

우리가 사는 조스에서 30분 정도 떨어진 미앙고 크리스천 지역에 무장단체의 공격이 있었다. 일주일 동안 불탄 집 3,141채, 수탈된 농토 2,901곳, 사망자 65명, 난민 3만 명이란 숫자가 사태의 끔찍함을 보여준다. 삶의 터전을 잃고 도망쳐온 친척들로 이곳 사람들의 아픔과 분노도 치솟고 있는데, 얼마 후 조스의 크리스천 동네에서도 지나가는 무슬림 버스를 검문하다가 충돌이 일어났다. 사상자가 46명이 넘어가자 빙햄병원 응급실은 여기저기서 싸우고 들어온 사람들로 북새통을 이루었다. 의사가 파업하고 있는 정부 병원에 부상자들은 갈 수 없었다. 주지사는 24시간 통행금지를 발표했다.

보통 이런 상황에 대비해 2주 치 음식을 저장하는데 장 볼 시간이 없었다. 김, 스팸, 라면으로 버티다가 통행금지 나흘째 날 현지인의 도움을 받아 감자, 양파, 오이, 토마토를 구했다. 당근과 콩은 담장 너머 밭에서 캐왔다. 되풀이되는 종족 분쟁, 살인, 강도, 납치, 난민을 접하다보면 선교지의 삶이 허무에 눌리기 쉽다. 그런 가운데서도 그리스도를 따르기에 가능한 일상을 이어갔다. 난민학교를 돕고, 성실하게 진료하고, 지친 병원 직원들을 위로하고, 고아원에 정수기를 설치하고, 나무를 심고, 그리고 가족과 행복한 식사를 했다.

통행금지가 12시간으로 완화되었다. 돈을 인출해 생필품을 구했다. 물탱크를 청소하고 안정기를 교체했다. 먹을 것이 떨어진 난민학교 두 곳에 더투게더의 후원품을 전달했다.

정수기 미팅을 가졌다. 고유번호가 49번까지 왔다. 철수한 8개를 제외하면 41개 정수기가 35기관에서 작동하고 있다. 미팅 후, 청각장애인 학교의 두 번째 정수기 가능성을 타진하기 위해 팀이 나갔다. 돌아오는 길에 정원을 망가뜨리는 담장 너머 흰개미집을 부수기로 했다. 출발한 지 얼마 되지 않아 시내에서 싸움이 벌어졌다는 연락이 왔다. 운전자에게 피해야 할 길을 알리고 사고가 없길 기도했다. 팀은 무사히 학교 방문을 마친 다음, 아이 주먹만 한 여왕개미를 생포해 돌아왔다. 나이지리아에서 흰여왕개미는 다산을 보장하는 특효약으로 알려졌다.

간밤 통행금지 중 또 다른 마을이 무장단체의 공격을 받았다. 36명이 죽고 집들이 불탔다. 화가 난 마을 청년들이 정부 병원으로 몰려가 안치된 시신들을 트럭에 싣고 와 도의회 정문 앞에 뉘인 채 시위를 했다. 이 모든 과정이 동영상으로 SNS에 뿌려졌다. 다시 24시간 통행금지다.

학교가 문을 닫아 우리 아들들은 다시 온라인 수업으로 등교를 대체한다. 비대면 수업이 불가능한 현지 학교의 아이들은 그냥 학업 중지다.

카노의 오래된 전통시장을 간 적이 있다. 15세기부터 사하라 사막을 지나온 카라반 상인들이 교역하던 곳이다. 두 사람이 지나기도 힘든 좁은 골목에 다양한 상점이 빼곡하게 들어서 있었다. 소나기가 휩쓸고 지나가 젖은 골목길은 온통 진흙 바닥이라 발 디딜 곳도 없는데, 그 안에 아이들이 있었다. 먹다 버린 음식 든 비닐봉지를 모으고, 각종 유리병을 분류하고, 그 작은 손으로 깨진 전구 소켓의 플라스틱과 쇠를 능숙하게 분리하고 있었다.

2019년 국제노동기구 자료에 의하면, 나이지리아에는 노동으로 생계를 이어가는 1,500만 명(43퍼센트)의 아이들이 있다. 길거리에는 전화카드를 주렁주렁 달고 차 사이를 뛰어다니며 파는 아이들, 깎아놓은 사탕수수가 마를까 봐 물 뿌리는 청년들, 좌판에 오렌지 몇 개를 놓고 앉아 있는 행상들이 있다. 하루 벌어 먹고사는 사람들은 다음 끼니를 기약할 수 없다. 통행금지로 묶인 가난한 도시에 슬픈 적막이 흐른다.

크리스마스를 앞두고 특별한 방문을 했다. 조스 유일의 무슬림 고아원에 갔다. 떠나기 전 SOW팀은 평소보다 길게 출발 기도를 했다.

"무사히 무슬림 지역에 들어갔다 나오기를! 무슬림들과 좋은 대화를 나누고 친구가 되기를!"

차로 10분 거리였다. 이렇게 가까워도 무슬림 지역이다보니 초행길이었다. 세 채 건물에 50여 명의 아이들이 있었다. 마당에 시멘트 블록이 깔려 있고 둥글게 판 우물도 있었다. 하지만 물 검사에서 세균과 질산염이 검출되었다. 총무에게 식수 부적합 결과를 알리고 오존 정수기를 설치해주었다. 시범 가동으로 나온 첫 물을 나눠 마셨다.

"바로 옆에 학교가 있는데, 그곳에도 설치해줄 수 있나요?"

고아원 총무가 요청했다. 다음에 함께 가보기로 약속했다.

점심 시간도 되지 않아 집에 돌아왔다. 10분 거리밖에 안 되는 가까운 곳에 똑같은 사람이 살고 있는데, 상황에 따라 생사가 갈릴 수 있다는 것이 거짓말 같았다. 크리스천 측 고아원에 정수기 설치가 마무리되어갈 때, 무슬림 지역으로 들어가는 기회가 열렸다. 생명과 평화의 도구로 쓰이길 기도했다.

주일 오후, 갑작스런 총소리와 함께 영화 같은 일이 벌어졌다. 또다른 10분 거리에 있는 교도소에 무장단체가 들이닥쳐 총격전이 일어났다. 9명이 죽고 252명이 탈옥했다. 교도소는 시내 한복판 경찰청 앞에 위치하고, 양옆과 뒤에는 각종 치안을 담당하는 군인과 경찰 본부가 있다. 사람들은 가장 안전해야 할 곳이 털렸다고 허탈해했다. 나이지리아 다른 두 도시에서도 교도소 공격으로 800명의 죄수가 탈옥했다.

"크리스마스가 다가와서 그렇습니다. 돈을 벌려고 치안이 더 나빠집니다."

현지인들이 말했다. 이곳의 크리스마스는 한국의 추석처럼 온 가족이 모이는 즐거운 명절이다. 하지만 누군가에게는 한몫 챙기는 기간인가보다. 임마누엘의 평화가 간절한 나이지리아다.

내 아들이다,
내가 사랑한다

내가 한국에서 돌아오자마자 기다렸다는 듯, 선교사 집들을 경비하는 아저씨 세 분이 돈을 빌려달라고 했다. 집안일을 돕는 아주머니도 요청했다. 수술비가 필요한 사람도 있었다. 현금으로 돕는 것은 아주 조심스럽다. 하지만 "다른 방법이 없어요" 하며 힘들어하는 그들의 부탁은 거절하기 어렵다.

　몇 가지 규정은 있다. 이자는 없지만, 한도는 6개월 이내에 월급에서 갚을 수 있는 금액이다. 또 이전 대출을 끝내야 다음이 있다. 확인해보니 다섯 명 중 세 명이 이번 달까지 그 전에 빌린 돈을 갚았다. 마치자마자 새로운 대출 요청이다. 돈을 빌려줄 수 있는 경우지만, 나도 유학생 부모가 되니 환율에 마음이 쪼그라들어 다시 한번 생각하게 된다.

큰아들 산지가 대학에 진학했다. 지난 일 년간 수험생 부모로 살며 대학 입시라는 신세계를 경험했다. 주님의 은총으로 산지는 좋은 학교 성적과 SAT 점수를 받았다. 하지만 대학 지원은 요구 사항이 많았다. 대회에 나간 적이 없어 수상 기록이 없고, 학교만 다녀도 다행인 이곳에서 특별활동도 쓸 게 없었다. 나이지리아에서 12년을 살고, 정수기 설치를 돕고, 코딩 클럽을 만들고, 학교 점심 온라인 신청 프로그램을 만들었다는 게 전부다. SAT는 코로나 때문에 한국에 돌아가 치렀다. 추석 연휴에 경남 사천까지 가야 했다. 코로나로 시험이 여러 차례 취소되다가 겨우 한 자리를 구할 수 있었다. 시험 두 주 전에는 응급실에 실려가 맹장수술까지 받았으니 험난한 과정을 겪은 셈이다. 산지는 링거를 꽂고 병원 휴게실에서 온라인 국제학생 리더 컨퍼런스에 참여했다.

그래도 희망을 가지고 미국 여러 대학의 컴퓨터 공학과에 지원했다. 그러나 높은 현실의 벽에 부딪치고 말았다. 어스름한 저녁, 복잡한 마음으로 집 주변을 걸었다. 선교사의 월급으로 아들의 학비와 생활비를 어떻게 감당할지, 대학에 가서 문화적 충격을 받고 힘들어하는 선교사 자녀들이 적지 않은데 적응은 잘할지 걱정되었고, 학비 때문에 학교를 낮춰 가야 하는 형편이 미안했다. 기도하는 중에 음성이 들려왔다.

'산지가 네 아들이라고 걱정하는구나. 산지는 내 아들이다. 내가 사랑한다.'

미국의 동생 부부에게서 연락이 왔다. 특별장학금을 마련해줄 테니 상위 대학에 진학하라고 당부한다. 하나님께서 산지에게 열어주시는 은혜였다. 산지는 어바나 샴페인에 있는 일리노이대학교의 학생이 되었다. 산지는 장학금을 지원하며 자기소개서를 썼다.

"2010년 8월, 부모님 손을 잡고 나이지리아 조스에 도착했습니다. 남동생은 세 살, 저는 다섯 살이었습니다. 빙햄의과대학 교육병원 안의 선교사 숙소가 우리 집이 되었습니다. 나이지리아의 첫인상은 그닥 좋지는 않았습니다. 사람들, 언어, 문화, 모든 것이 달랐습니다. 다른 행성으로 순간이동된 것 같았습니다. 언제 들어올지 모르는 전기, 재사용하기 위해 버리지 못하는 샤워 물, 차가 놀이기구처럼 흔들리는 망가진 길이 일상이 되었습니다.

아프리카에서 첫 번째 더운 크리스마스를 맞이했습니다. 같은 날 집 근처 시장에서 보코하람에 의한 폭탄 테러로 많은 사람이 죽고 다쳤습니다. 그 후 이어지는 싸움과 또 다른 테러로 통행금지가 반복되었습니다. 외과 의사인 아빠는 몰려오는 환자들을 수술하고 돌보느라 병원에 있는 시간이 많았습니다. 너무 어렸던 저는 무슨 일이 일어나는지 몰랐습니다. 그러나 나중에는 집 안에서 동생과 놀다가 담장 너머로 소리가 나면 총인지 폭탄인지 맞추곤 했습니다……

이제 저는 대학 지원을 마쳤습니다. 12년 동안 정든 힐크레스트 학교와 나이지리아를 떠납니다. 전공은 컴퓨터 사이언스로 선택했습니다. 컴퓨터 사이언스는 문제의 본질을 보게 하고 해설을 위한 창의적인 길을 찾게 합니다. 하나님께서 저에게 이 분야의 달란트를 주셨고 인도하신다고 생각합니다. 8월이면 어바나 샴페인의 일리노이대학에서 새로운 삶을 시작합니다. 이전 경험으로 크리스천 공동체에 속하지 않는다면 위험하다는 것을 압니다……

하지만 하나님은 지금까지 제 삶 가운데서 일하셨고 언제나 동행하셨습니다. 주위의 모든 환경이 바뀔 때 변치 않는 하나님께서 함께하신다는 사실이 큰 위로가 됩니다. 하나님은 한국인인 저를 나이지리아에서 초등학교부터 고등학교까지 12년 동안 키우셨습니다. 나이지리아 사람들의 여유과 포용성을 경험했습니다. 서양 사람들의 합리적인 문화와 토론을 배웠습니다. 또한 저는 한국인으로서 이들과는 다른 독특함을 가지고 있다고 생각합니다.

공항을 오고갈 때마다 부자 나라와 가난한 나라의 격차가 점점 커지고 있음을 봅니다. 더욱 양극화되어가는 세상에서 서로 다른 사람들이 보다 존중하고 대안을 찾아가는 미래가 하나님께서 원하시는 방향이 아닐까 생각해봅니다. 하나님께서 목적하시는 바가 있어 이런 성장 과정과 경험을 허락하셨다고 믿습니다. 저를 향한 하나님의 뜻을 배우고 순종함으로 하나님을 기쁘시게 하는 사람이 되길 소원합니다."

산지의 졸업 행사에서 아내인 손은영 선교사가 가족을 대표해 소감을 말했다. 손 선교사는 잘 자라준 아들에게 도리어 용서를 구했다. 그동안 전적으로 믿어주지 못하고 압박하고 아픔을 준 것에 대해……. 그 자리에 모인 엄마 선교사들이 이 말을 들으며 모두 울었다.

선교단지 경비 아저씨와 아주머니에게 필요한 돈을 빌려주면서 그들의 문제가 잘 해결되길 기도했다. 파 한 뿌리밖에 안 되는 도움인데, 한 뿌리 움켜쥔 주먹을 펴기가 그렇게도 부자연스러웠다. 하지만 그 작은 도움도 기억하는 하나님이시다.

이어령 선생은 거지에게 파 한 뿌리 적선한 것으로 천국에 들어가는 것을 허락받은 인색한 노인 이야기를 들려주며 이렇게 말했다.

"천국에 가보니 가까스로 파 뿌리 붙잡고 올라온 자들이 가득한 거야. 부탁하고 도움 주고……. 설사 그게 하찮은 것이라도 서로를 구제해주는 파 뿌리라는 거지. 그러니까 돈 빌려달라면 푼돈이라도 주고, 누가 떨고 있으면 자기 외투라도 벗어주는 거야. 대단히 선량하지 않은 아주 보통의 인간들이. 어떤가?"[23]

작은 위로들

금요일 밤이었다. 산하의 학교 선생님 집에 무장 강도가 들어와 선생님을 납치했다. 큰아들 산지와 납치된 선생님의 아들이 12년 동안 같은 반이라 잘 알고 지낸 분이다. 충격 속에 학교와 모든 선교사 사회가 간절히 기도했다. 감사하게도 30시간 만에 다친 데 없이 풀려났다. 이번이 세 번째 강도 사건이다.

2022년 11월 16일은 유력 대선 주자 선거유세가 있었다. 하루 전날 밤 임시공휴일이 발표되었고, 집 밖에 나가지 말라는 SIM의 권고가 있었다. 학교는 휴교다. 계획되어 있던 청각장애학교 이동도서관 전달은 취소했다. 하루종일 유세 차량들과 쿵쾅거리는 스피커 소리가 도시를 흔들었다.

덕분에 거짓말 같은 일이 생겼다. 집에서 아이들 학교로 가는 길에는 대충 20여 개의 큰 구멍이 난 아스팔트 길이 있다. 최소한 앞바

퀴 두 개가 다 빠지지 않도록 중앙선을 넘나들고 좌우로 돌며 곡예 운전을 해야 한다. 놀랍게도 선거유세 전날 밤, 그 모든 구멍이 메워지고 일부는 길 전체가 새로 포장되었다.

불안한 일상 가운데에도 작은 위로가 있었다. 비용과 관리 면에서 오존 정수기의 한계를 보고 새롭게 시작한 필터 정수기 프로젝트에 속도가 붙고 있다. 깨끗한 플라스틱 통, 수도꼭지, 필터를 구입해 차고에서 하나하나 직접 만들있다. SOW팀의 아이디어가 모여 비용이 절약되었다. 기독병원협회에서 선교사 가정에 후원한 250개의 필터 정수기를 다 나눠 주었다. 계속되는 더투게더의 지원으로 12월까지 총 570개가 전달된다. 목표로 삼은 ECWA 현지 선교사 1,500가정 중 40퍼센트에 이르는 수치다. 이대로라면 일 년 안에 모든 선교사 가정에 필터 정수기를 놓을 수 있다. 종종 통에 적어둔 전화번호로 정수기를 사용하는 선교사들에게 연락이 온다.

"정수기를 설치하고 아파 드러눕는 횟수가 줄었습니다. 특히 아이들이 배가 아프다는 말을 안 합니다. 처음에는 시시해 보여 금방 망가질 줄 알았는데 석 달이 지나도 괜찮네요. 목사 집에 좋은 물이 있다는 소문이 나서 이웃 무슬림들이 아프면 찾아옵니다."

SOW팀은 정수기를 전달하기 위해 먼 길을 가야 한다. 정수기를 받으러 오는 선교사들도 우리 못지않게 힘든 길을 온다. 미나라는 지역에서는 만나기로 한 54명의 선교사 중 11명이 올 수 없다고 연락을 해온 적이 있었다. 무법 도적집단이 아침부터 동네를 둘러싸고 돈을 요구해 아무도 마을을 나갈 수 없다고 했다. 다행히 늦게라도 길이 열려 정수기를 받으러 달려왔다. 날이 어둑해지는데도 그들은 가족이 염려된다며 그 길을 되돌아갔다.

나이지리아 교회는 가난한 중에도 2만여 명의 선교사들을 아프리카 오지와 해외까지 파송했다. 그들은 목숨을 걸고 교회를 개척한다. 목숨을 건다는 표현은 말로만 끝나지 않는다. 2021년 전 세계에서 5,898명의 크리스천이 신실하게 지킨 신앙 때문에 죽임을 당했다. 그 중 4,650명이 나이지리아인이다.[24] 납치, 질병, 굶주림의 위협은 현실이다. 그래도 선교 헌신자들이 계속 나온다. 이들은 예전 한국의 기독교 부흥을 이끈 전도부인, 순회 전도자, 개척교회 목회자들에 빗댈수 있다.

ECWA 산하 선교단체 EMS(Evangelical Missionary Society, 복음선교연대)에서 부탁한 오지 세 지역 아다마와, 케비, 타라바 중 마지막인 타라바로 들어갈 예정이다. 새벽에 출발해 열한 시간을 달려가야 한다. 해 지기 전에 도착해야 하는 산간마을이다. 정수기가 필요한 선교사 중에는 이틀 동안 걸어 산을 넘어오는 이들도 있다. 안전과 비용을 고려해 차 두 대에 정수기 90개를 싣고 가서 한번에 나눠줄 계획이다.

다가오는 2월, 3월에 대통령과 주지사 선거가 있다. 치안이 크게 나빠질 게 당연해 선교본부에서는 2월부터 4월 사이에 이동을 제한한다. 정수기 프로젝트를 위한 운행도 조심할 필요가 있어 그 전에 열심을 내고 있다.

정수기 프로젝트의 가장 큰 어려움은 길 위에 있다. 많게는 여러

날 걸리는 여정에서 사고와 납치는 상존하는 위험이다. 선거가 가까워질수록 사람들은 긴장한다. 가진 자와 가지지 못한 자, 무슬림과 크리스천, 여기에 기성 세대와 청년 세대 갈등까지 더해졌다. SOW 팀은 종종 외국인은 동행할 수 없는 오지로 떠난다. 바리바리 짐을 꾸려 보내고 나면 팀이 돌아올 때까지 마음 졸이며 기다린다. 힘들어도 같이 다녀야 신이 나지만, 외국인인 나로 인해 다른 사람들까지 위험해질까 봐 엄두를 못 낸다.

또 한 가지 작은 위로가 있다. 올해 세 명의 나이지리아 의사들이 한국의 세브란스병원으로 연수를 다녀왔다. 3개월 수련기간 동안 염장을 지르는 사진들을 계속 보내왔다. 나는 가보지도 못한 청와대를 가고, 광장시장 떡볶이를 먹고, 생크림 생일 케이크도 자르며 찍은 사진들이다. 섬겨주신 한국 분들에게 진심으로 감사드린다.

한국으로 연수를 보내면 바람이 들 수 있으니 조심하라는 걱정을 들은 적이 있다. 이곳에서 일을 잘할 사람이 연수를 다녀오고 나서 바람이 들어 돈 많이 주는 병원으로 옮기거나, 직원들을 끌고 나가 개인병원을 차리거나, 캐나다로 가 주유소에서 일하는 의사도 있다고 한다.

무사히 연수를 다녀온 의사들에게 한국에 가서 무엇을 배웠느냐고 물었다. 그들은 세 가지를 대답했다. 먼저는 역사였다. 세브란스병원의 과거와 현재를 통해 무엇이 가능한지 배웠다며 당장 빙햄병원의 기록을 남겨야 하니 역대 선교사들의 명단을 달라고 했다. 두 번째는 이상적인 표준치료였다. 나이지리아에서는 포기하고 넘어가는 치료가 실은 가능한 것을 보았다고 한다. 세 번째는 네트워크였다. 한국과 외국의 많은 의료진을 알게 되어 도움을 주고받을 수 있다는 것이다. 한편으로는 이렇게 축복받은 한국의 기독병원에 하나님을 모르는 직원들이 많다며 걱정했다. 그래서 가까이 지내던 한국 의사들에게 전도도 했단다. 앞으로 나이지리아에서 한국으로 선교사를 파견해야 할 것 같다.

연수 갔던 의사 한 사람 한 사람과 면담하고 함께 기도했다. 현실의 차이에 우울해지지 않기를, 세상의 바람이 아닌 성령의 바람이 들어가기를, 작더라도 이곳에서 시도해볼 수 있는 일을 찾고 시작할 용기를 주시기를, 그리고 부디 하나님과 함께하는 무대의 주인공으로 마음껏 넓게 뛰어다니기를 응원했다.

세상에
이런 일이 정말
일어나는군요!

놀라운 일의 시작은 평범했다. 추수감사절 예배에 어머니의 강요로 처음 교회에 출석한 남자가 있었다. 어색했을 예배 시간, 남자는 무료함을 때우기 위해 주보를 뒤적이다가 우연히 뒷면에 실린 나의 선교 편지를 읽었다.

"대구 사과와 황주 사과는 토종 사과인 능금과는 달리 미국 북장로교 소속 선교사 스왈렌이 가난한 농부들을 돕기 위해 300주의 사과 묘목을 들여오며 시작되었습니다. 스왈렌은 나중에 황주를 찾아 과수원을 방문합니다. 그때 스왈렌을 모르는 한 농부에게 미국에도 이런 사과가 있느냐는 질문을 받습니다. 선교사는 '미국에도 있기는 한데 이렇게 맛있는 황주 사과는 없다'고 대답했습니다(「한국장로신문」, 김광식 목사). 나중에 빙햄병원이 잘 되고 누군가 한국에도 이런 병원이 있느냐고 물어올지 모릅니다. 그때 '있기는 한데 이렇게 잘 운영되는 선교병원은 없다'고 대답하는 꿈을 꿔봅니다."

며칠 전, 내가 쓴 선교편지를 옥인교회에서 주보에 실은 것이었다. 그 사람은 2주 후, 1억 원의 선교헌금을 했다. 그 소식을 듣고 가장 먼저 든 생각은 이것이었다.

'세상에 이런 일이 정말 일어나는군요!'

300주의 사과 묘목을 상당히 떨어진 두 지역의 기후와 여건을 고려해 대구와 황주에 나눠 심은 스왈렌 선교사를 따라하는 것은 아니지만, 나는 이 헌금을 빙햄병원과 카노의 ECWA 안과병원에 반반씩 심고 싶은 소원이 생겼다. 옥인교회 이은호 목사님도 흔쾌히 허락하며 이렇게 격려해주셨다.

"하나님께서 하시는 일은 참 놀랍습니다. 사역자의 삶은 이 신비를 경험하는 여정입니다."

나는 이 헌금을 중심으로 통 큰 소망을 실행에 옮기게 되었다.

빙햄병원 의무 부원장인 닥터 안자코와 미팅을 가졌다. 나는 우선 응급실 확장에 헌금을 사용하면 좋겠다고 했다. 빙햄병원에서 가장 낙후된 공간이 응급실이다. 침대를 디근자로 놓아 공간을 활용해도 아홉 명 이상 치료하기가 불가능하다. 그동안 겪어본 바, 대형 교통사고나 종족 간의 싸움으로 환자가 밀려오면 응급실은 도떼기시장이 되어 환자의 프라이버시 따위는 생각할 겨를도 없다. 전기마저 나가면 저마다 휴대폰 라이트를 켜고 우왕좌왕한다. 가난한 사람들이 아프고 위급해 병원을 찾아왔는데 좁고 퀴퀴한 응급실을 먼저 만난다면 그건 더 큰 고통이다.

공사는 2019년 5월에 시작해 10월에 마쳤다. 진료실, 처치실, 당직실, 화장실까지 넣고, 모든 환자의 치료 공간에 개별 칸막이를 했다. 공사를 마치고 보니 응급실은 병원에서 가장 반짝반짝한 곳이 되었다. 시공을 맡은 벤자민은 37년 전 이 병원에서 태어난 현지 건축가다. 어려운 환경에서도 성실하게 자라 자기 분야에서 성공한 젊은이를 만나면 고맙고 자랑스럽다.

응급실 공사를 마무리하자 연결된 낡은 외래 진료실의 양철지붕과 너무도 대조되었다. 병원의 얼굴 같은 정문 앞 첫 번째 건물인데 응급실 부분만 리노베이션을 하니 나머지 구역이 더욱 허름해 보였다. 비가 새도 구멍만 때워 이곳저곳 다른 지붕 재료들이 누더기처럼 붙어 있었다. 응급실 공사를 하고 남은 돈과 후원자들의 헌금을 합쳐 전체 건물의 지붕과 중앙 로비 인테리어까지 2차 공사를 했다. 두 번째 통 큰 소망이었다.

공사의 목적은 건물이 아니라 사람이다. 평소 쓰레기를 함부로 버리던 사람도 고급 호텔에서는 휴지통을 찾는다. 나무를 심는 것도, 건물을 올리는 것도 목적은 하나다. 생각과 행동에 도전을 주는 공간을 만드는 것이다. 낡은 환경에 지쳐서 하는 반 자포자기 진료가 아니라 최선을 고민하는 의사, 어둡고 지저분한 수술실을 무서워하지 않아도 되는 환자, 이 둘이 만나는 깨끗하고 편리한 공간이 필요했다. 변화가 불가능할 것 같은 70년 된 건물이 건축가의 손을 만나 환해지듯 그 새로움이 오고가는 직원들과 환자들의 마음까지 밝게

비춰주길 바랐다.

　2020년 더투게더의 후원으로 물 트럭을 구입하고, 한 해 동안 6천 만 원의 빙헴병원 발전기금을 모았다. 세 번째 통 큰 소망이 시작되었 다. 수술실, 중환자실, 처치실, 1-2인실 병동이 있는 가장 큰 건물의 지붕과 천장을 교체하고 보수했다. 처치실은 외과 외래 진료실로 확 장하고, 세 명이 한 방에서 환자를 진료하는 공간 부족 문제를 해결 했다. 여기에 작은 수술실 두 개를 넣어 외상 환자 처치가 수월하게 했다.

　네 번째 통 큰 소망은 가장 낡은 어린이 병동으로 향했다. 우기에 는 뚫린 지붕에서 새는 비를 피해 눕고, 건기에는 깨진 창문으로 들 어오는 바람에 떠는 곳이다. 2021년 후원금 3천만 원으로 지붕과 창 문 교체를 건의했다. 이사회에서 장소가 협소한 병원의 미래를 내다 보며 건물을 2층으로 올리자는 의견이 나왔다. 현지 사업가가 3천만 원 후원을 약속하고, 마른 수건 쥐어짜듯 아낀 병원 재정 4천만 원 을 보탰다. 1억 원이나 드는데 1층 전체와 2층 바닥까지만 가능하고 나머지 2층 벽과 지붕을 올릴 비용은 모자랐다. 우기가 시작되는 4 월 전에 지붕을 덮어야 하는데 소심한 선교사는 걱정이 많다.

　"비가 오면 큰일인데 계획을 미룰까요?"

　담대한 병원장은 밀어붙였다.

　"하나님께서 공급하시니 시작합시다."

　공사는 환자가 비교적 적은 크리스마스 직전에 시작되었다.

지붕을 제거하고 54개의 기둥을 심었다. 5미터 간격으로 벽을 부수고 바닥을 들어내자 건물이 너덜너덜해졌다. 깊이 자리를 파고 철근을 엮고 콘크리트를 부어 기초를 다졌다. 높이 세우기 위해서는 먼저 무너뜨리고, 올라가기 전에 내려가야 했다.

빙햄병원은 선교사가 주도하는 일반 병원에서 현지인 대학병원이 되었다. 단층 건물이 복층 건물로 변신한 것과 같다. 더 나은 치료에 대한 기대, 복잡해진 행정과 인력, 많은 재정부담 등 커진 무게를 감당하기 위해 이를 버틸 기둥들이 필요하다. 교회에 처음 나온 날, 큰 헌금을 보낸 이름 모를 한 사람에게서 시작된 통 큰 소망은 응급실, 외래 진료실, 수술실, 중환자실, 개인병동, 소아병동까지 이어졌다.

이제는 새 건물 안에서 새 프로젝트를 수행할 사람 기둥을 세워야 할 차례다. 다양한 전문 분야의 인재 양성을 위해 한국 연수를 돕는다. 정형외과, 비뇨기과, 외과에 이어 안과, 종양내과, 산부인과가 연수를 다녀왔고, 감염내과, 소아과, 유방외과가 준비하고 있다. 후원자들의 헌금과 기도는 자갈과 모래와 철근이 뒤섞인 콘크리트로 버무려져 튼튼한 건물의 기초가 된다. 흔들릴 때 보이지 않는 곳에서 붙들어주는 땅속의 단단한 기둥이다.

간혹 왜 유료병원을 지원해야 하는지 묻는 사람이 있다. 가난한 사람은 어렵게 지불한 돈보다 더 나은 치료를 받아야 한다고 생각하기 때문이다.

2월 말, 의과대학 평가팀의 방문이 있었다. 준비하는 빙햄병원과 의과대학은 분주했다. 이렇게 의과대학의 모습을 갖춰가고 있는 모습이 뿌듯하다. 한때 직원 월급이 여러 달 밀리고 "어떻게 선교병원이 정부 병원보다 더 형편없냐?"며 교수진이 떠난 적도 있었다. 강의할 사람도 없고 기대했던 제자들도 다른 곳으로 떠나가 힘든 적도 있었다. 하지만 요즘은 대학에 소속되고 싶다는 문의가 온다고 한다. 지나고 보니 병원과 대학은 앞이 막혔다가 열렸다가 하면서 조금씩 전진하고 있었다.

"선교지의 민족을 바라보는 선교사의 시각은 하나님께서 바라보시는 만큼이어야 합니다"(엄주연, GMTC).

이 말에 동의한다. 나도 하나님의 시각으로 병원과 나이지리아를 바라보길 원한다. 하나님의 마음을 담아 긴 호흡의 기도를 올리는 선교사가 되길 원한다. 가난과 아픔, 이슬람과 기독교의 충돌 속에서 하나님의 사랑을 드러내는 아프리카의 빨간 지붕, 빙햄의과대학 병원이 세워지길 기도한다.

말은 끝까지
들어봐야

나이지리아 주거에는 '컴파운드'(compound)라는 개념이 있다. 치안 불안으로 각 기관과 집들이 단지를 이루고 콘크리트 장벽을 세우는 것이다. 학교는 학교와 교직원 숙소 둘레에 장벽을 세워 관리한다. 선교사들도 특정 구역에 모여 함께 산다. 빙햄병원은 병원, 의과대학, 직원 숙소를 아우르는 제법 큰 컴파운드다. 예전에는 빙햄병원 숙소에 선교사들이 많이 살아 외국인 지역으로 알려지기도 했지만, 이제는 네 채만 SIM에서 사용한다. 그중 하나가 우리 집이다.

코로나 이전 해부터 선교사는 우리 가정만 있는 날이 많았다. 그러다가 작년 8월 미국 가정의학과 의사 가정이 들어왔다. 12월에는 아내는 벨기에 가정의학과 의사, 남편은 네덜란드 수의사인 가정이 들어왔고, 올해 1월에는 에티오피아 가정의학과 의사 가정이 들어와 네 집이 다 찼다.

어쩌다보니 우리가 가장 경험 많은 선교사가 되었다. 나는 매니저, 아내는 호스티스가 되어 새로 온 선교사들의 정착을 돕고 있다. 예를 들어 초기 세팅과 가구와 집기 사용법을 안내한다. 전기가 나가면 찾아가 고쳐주고 안정기의 작동 원리를 설명한다.

"왜 물탱크 물이 자동으로 채워지지 않지요?"

의아해하는 질문은 웃음으로 넘기고 펌프 사용법, 남은 물의 양 확인법, 그리고 물 트럭 부르는 법을 가르쳐준다.

선교사 숙소 바로 옆에 농구장이 있다. 예전에는 주로 선교사 가족들이 이용했는데, 의과대학이 들어오면서 학생들의 공간이 되었다. 요즘에는 외부인들까지 와서 차를 입구에 주차하고 농구를 한다. 당연히 치안과 안전 문제가 대두되었다. 이 문제를 해결하기 위해 회의를 했다. 나라에 따라 안전에 대한 민감도가 다르다는 것을 알게 되었다. 내가 보기에 유럽인, 에티오피아인, 미국인, 한국인 순인 것 같다. 결국 농구장과 선교사 집 사이에 담장을 만들기로 했다. 외부인들이 농구장을 통해 선교사 숙소를 들여다보거나 들어올 여지를 줄이고, 소음도 차단할 수 있다고 보았다. 그러나 의대학장은 벽을 세우면 생길 수 있는 단점도 선교사들에게 전해달라고 했다.

"첫째는 밖에서 안이 보이지 않아 오히려 도둑이 더 들 수 있습니다. 둘째는 장벽이 전달하는 상징적 의미가 있습니다."

일리 있는 말이었다.

매니저의 또 다른 역할은 경비원 관리다. 치안에 신경 써야 하는

밤에 선교사 구역의 경비원 단주마가 종종 사라지는 일이 있었다. 이미 여러 번 근무 중에 자다가 경고를 받은 상태였다. 그러다 운 나쁘게 새벽 근무지 이탈을 나에게 들키고 말았다. 지난달, 한국에 가려고 짐을 꾸리던 새벽 4시부터 한 시간 동안 단주마는 자리에 없었다. 공항 가는 차 안에서 전화로 물어보니 화장실에 갔었다고 한다. 그 새벽, 한 시간을 비운 이유 치고는 쉽게 납득되는 설명이 아니었다.

나이지리아로 돌아온 다음 날 단주마를 집으로 불렀다.

"솔직하게 말해봐요. 어디 갔었어요?"

"화장실이요. 정말입니다. 우리 집에서 내가 화장실 간다고 하면 다른 식구들이 먼저 가려고 난리가 나요. 내가 들어가면 적어도 한 시간 이상 나오지 않거든요. 대변을 보면 살덩이가 나오고 들어가기까지 시간이 걸려요. 기다리는 동안 너무 아파서 울기도 합니다."

아차, 하는 마음으로 장갑을 끼고 단주마의 항문을 진찰했다. 치질이 꽃처럼 활짝 피어나왔다. 이 지경이 된 것이 12년째라고 했다. 아무도 모르는 본인만의 비밀이라고…….

경비직에서 잘라야 하나 고민하던 선교사들은 돈을 모아 단주마의 수술비를 보조했다. 치질 세 덩이가 대신 잘려 나갔다.

이제는 잘 회복되어 화장실에서 10분 안에 나온다고 한다. 역시 사람의 말은 끝까지 들어봐야 한다. 말 못하는 아픔이 있는 사람들에게 무조건 나의 기준을 강요하고 있지 않은지 돌아보았다. 더 겸손히 듣고 섬기는 선교사가 되고 싶다.

하나님의
큰 그림

"나이지리아는 현금 없고(cashless) 석유도 없는(fuelless) 사회로 가고 있습니다."

경영 회의 중 병원장의 발언에 모두 빵 하고 웃음을 터뜨렸다. 현금을 구하기가 너무 어려워졌다. 차비로 낼 현금이 없어 이틀 동안 집에 가지 못한 직원도 나왔다. 가난한 사람들과 소규모 상인들이 가장 큰 타격을 입고 있다.

2023년 3월에는 4년마다 돌아오는 대통령 선거가 있다. 나이지리아에서 맞는 네 번째 선거다. 선교사들은 비상연락망을 점검했다. 산하 학교는 온라인 수업을 늘렸고, 빙햄의과대학은 한 달간 휴교다. 부자들과 외국인들은 이 기간에 해외로 나가기도 한다. 그만큼 위험한 시기다.

요즘 어디를 가나 사람들이 길게 줄 서 있는 장소가 두 군데 있다.

한 곳은 주유소다. 갑자기 석유가 귀해졌다. 러시아와 우크라이나 전쟁의 여파가 이곳까지 미치고 있다. 가격이 세 배나 뛰었다. 조금이라도 싸게 살 수 있다면 밤샘도 마다하지 않는다.

새로운 줄은 은행 앞에도 늘어섰다. 지난 1월, 신권을 발행하며 구권을 중지시켰다. 이 과정에서 신권 유통을 급격히 줄여 문제가 되었다. 투명한 사회로 가는 전자거래 활성화에는 동의하지만, 오늘 하루 현금이 필요한 서민들은 은행에 달려가 줄을 서야 한다. 한 선교사는 현금 4만 원을 출금할 수 있다고 해서 아침 일찍 은행에 갔는데 대기표가 106번이었다. 세 시간을 기다린 후 6천 원을 받았다. 카드당 4천 원으로 현금인출을 제한하자 상인들은 카드를 30개씩 들고 현금인출기 앞에서 잠을 잔다. 현금 가격이 계속 올라간다. 급한 사람들은 수수료 20퍼센트를 내고 현금을 산다.

석유 가격은 두 배 이상 올랐다. 어쩔 수 없이 웃돈을 주고 암시장의 석유를 산다. 병원도 적자다. 사람들이 아파도 참고 병원에 오지 않기 때문이다. 환율은 나이지리아에 처음 왔던 13년 전보다 다섯 배가 뛰었다. 인플레이션은 정말 무섭다. 모두가 가난해진다.

그 와중에 간호사 23명이 한꺼번에 사직서를 냈다. 플라토주 정부 병원에서 대규모 신규 채용을 한 여파다. 급여는 비슷한데 일은 적은 곳이다. 급히 새로운 간호사를 뽑았다. 이런 식으로 보통 일 년에 30퍼센트의 간호사가 이동한다. 간호부장은 신참 간호사들을 교육시킬 생각을 하면 머리가 하얘진다고 한다. 떠나는 젊은이들을 몇 번 붙들어보다가 소용없음을 알았다고 한다.

"이렇게 다음 세대 키우는 것도 사명이려니 합니다."

코로나 사태 기간 중, 의사들도 미국과 유럽으로 많이 떠났다. 인력 교체가 잦으면 의료 서비스의 질이 떨어진다. 일은 많고 봉급은 적은 병원에 남아 있는 직원들이 고마울 뿐이다.

간호부장은 이렇게 말했다.

"빙햄병원도 가라앉고 있어요. 예전에는 당연히 늦게까지 일하며 환자를 봤어요. 나이지리아 최고의 가정의학과 교육병원으로 이웃 나라에서도 환자가 왔지요. 지금은 달라졌어요. 저를 포함한 연장자들은 이제 은퇴할 때가 다가옵니다. 선교사들과 일하던 세대가 떠나면 앞으로 어떻게 될까요? 걱정됩니다."

사회 변화를 넘어 세대를 이어가는 선교병원이 가능할까 질문하다가 이런 결론을 내린다. 사람들은 과거는 미화하고 현재는 평가절하하는 경향이 있다. 빙햄병원에도 긍정적인 변화가 있었다. 새로운 병원장과 교체된 경영팀이 열심히 리더십을 발휘하고 있다. 나이지리아의 의료보험 시장이 성장하면서 병원 수입도 늘어간다. 통일성 있는 병원의 업그레이드가 이루어지고 있다. 코로나 사태에도 불구하고 지속적으로 도움을 준 한국 교회와 후원자들, 그리고 연세의료원의 연수 프로그램 덕분이다. 의과대학도 체계를 잡아가며 부족했던 전문 의료진이 충원되고 의대생들이 배출되고 있다. 나이지리아학회와 서부아프리카학회에서 소아과, 산부인과 레지던트 수련 심사를 통과하기도 했다. 13년 전 아침 예배 참석 인원이 10명에서 20명 정도였는데, 요즘은 180-200명이 함께 예배를 드린다.

물론 언제든지 다른 방향으로 변할 수 있다. 급속한 세속화로 선교병원의 정체성을 잃어버릴 수도 있다. 그럴지라도 어려운 사회 속에서 함께 고통받고 꾸준히 환자를 치료하며 복음을 전한 빙햄병원의 이야기는 다음 세대에 전하는 의미가 있을 것이다. 그러하기에 작더라도 분명한 그리스도의 발자취를 따라 남기는 오늘이 가장 중요하다.

이 모든 것이 하나님께서 행하시는 선교다. 하나님은 서로를 모르는 각 사람들의 삶 가운데 임하시고, 우리는 이해할 수 없는 조각들을 모으기도 흩어 놓기도 하신다. 그러다가 때가 되면 큰 그림으로 드러내신다. 하나님의 열심은 어떤 상황에서든 그분의 그림을 완성해나갈 것이다.

선교 현장에서 내가 이룬 것은 없다. 한없이 부끄럽고 죄송한 마음으로 작은 친절, 한마디 격려, 따뜻한 미소, 안타까움이 담긴 탄식을 심었을 뿐이다. 거친 광야 길 위에서 잠시 멈춰 그날의 씨를 심는다.

에필로그

"운전자인가 스페어 타이어인가 하는 질문이 있습니다. 운전자는 모든 결정권을 가지고 방향을 정해 끌고 가는 주도적인 역할을 합니다. 스페어 타이어는 필요할 때 운전자에게 도움이 되기 위한 보조적인 역할을 합니다. 특히 펑크가 났는데 정비소까지 200킬로미터가 남았다면 아주 도움이 됩니다"(데이비드 보쉬).[25]

내가 빙햄병원에서 하는 역할은 스페어 타이어다. 차(병원)가 튼튼하고 도로(사회)가 잘 닦여 있다면 굳이 스페어 타이어를 떠올릴 이유가 없다. 하지만 지금은 거친 비포장도로를 달리는 낡은 중고차다. 언제든지 펑크난 바퀴를 대신할 수 있어야 한다. 수리 후에는 뒤 트렁크 자리로 돌아와 가만히 있는다.

스페어 타이어가 바라는 것은 고장 없이 운전자가 목적지까지 가는 것이다. 운전자가 운전을 못해도 그 자리를 대신하지 않는다. 차를 위험한 곳으로 몰아도 함께 간다. 필요할 때 최선을 다해 운전자를 보조한다.

이런 스페어 타이어의 미래는 망각이다. 시간이 지나 운전자도 차도 도로도 좋아지면 필요 없게 된다. 나는 잊혀질 것이다. 부족한 게 많아도 빙햄병원은 현지 리더십이 주도하는 좋은 환경이다. 이곳으로 보내신 하나님께 감사드리며 스페어 타이어로 부르심을 잘 감당하길 원한다.

미주

1 이재철, 『매듭 짓기』, 홍성사, 2015

2 이재철, 『요한과 더불어(열 번째 산책)』, 홍성사, 2004

3 Nigeria watch: Fourth Report on Violence, 2006-2014

4 세계은행(World Bank) 2009년 자료

5 이슬람 최대의 축제이자 수행 기간. 이 기간에 일출에서 일몰까지 의무적으로 금식하고 날마다 다섯 번 기도한다.

6 셔우드 홀, 『닥터 홀의 조선회상』, 김동열 옮김, 좋은씨앗, 2009

7 필립 짐바르도, 『루시퍼 이펙트』, 이충호 옮김, 웅진지식하우스, 2007

8 라마단이 끝나는 날(이드 알 피트르), 무슬림은 라마단 기간에 했던 금식을 마치고 신에게 감사 기도(살라)를 드리고 모두 모여서 축제를 즐긴다.

9 William Ardill, 『Journey On A Dusty Road』, Amazon.com, 2015

10 2016년 세계 기독교 박해지수(World Watch List), 국제오픈도어선교회

11 김진, 『그리스도인은 인간을 어떻게 이해해야 하는가』, 생명의말씀사, 2018

12 폴 히버트, 『21세기 선교와 세계관의 변화』, 홍병룡 옮김, 복있는사람, 2010

13 존 스토트, 『살아 있는 교회』, 신현기 옮김, IVP, 2009

14 셔우드 G. 링겐펠터, 『타문화 사역과 리더십』, 김만태 옮김, CLC, 2011

15 제랄드 메이, 『영혼의 어두운 밤』, 신선명 옮김, 아침영성지도연구원, 2006

16 Shobana Shankar, 『Who shall enter paradise?: Christian Origins in Muslim Northern Nigeria, c. 1890-1975』, Ohio University Press, 2014

17 2019년 유엔 인도주의 업무조정국(UN Office for the Coordination of Humanitarian Affairs)

18 한스 로슬링 , 올라 로슬링 , 안나 로슬링 뢴룬드, 『팩트풀니스』, 이창신 옮김, 김영사, 2019

19 정승현, 『하나님의 선교와 20세기 선교학자』, 주안대학원대학교출판부, 2014

20 다니엘 E. 파운틴, 『전인 치유』, 샘전 옮김, 비펜북스, 2013

21 스탠리 하우어워스, 『한나의 아이』, 홍종락 번역, IVP, 2017

22 앨런 크라이더, 『초기 교회와 인내의 발효: 로마 제국 안에 뿌리내린 초기 기독교의 성장 비밀』, 김광남 번역, IVP, 2021

23 김지수, 이어령, 『이어령의 마지막 수업』, 열림원, 2021

24 Open Doors, 2022 World Watch index on global killing of Christians

25 데이비드 보쉬, 『길의 영성』, 김동화, 이길표 옮김, 한국해외선교회출판부, 2023

아프리카의 빨간 지붕 병원

초판 1쇄 발행　2023년 10월 5일
초판 2쇄 발행　2023년 12월 10일

지은이　이재혁
편집·구성　이기섭
펴낸이　신은철
펴낸곳　좋은씨앗
출판등록 제4-385호(1999. 12. 21)
주소 서울시 서초구 바우뫼로 156(MJ 빌딩), 402호
주문전화 (02)2057-3041 주문팩스 (02)2057-3042
이메일 good-seed21@hanmail.net
페이스북 www.facebook.com/goodseedbook

ISBN 978-89-5874-392-7　03230